教育部人文社会科学研究基金项目
"我国上市公司年报审计约谈监管研究 —— 基于注册会计师行业的视角"
（项目编号17YJC790054）研究成果

预防性监管
能否影响审计师决策
—— 基于中注协约谈上市公司年报审计事务所的证据

YUFANGXING JIANGUAN
NENGFOU YINGXIANG SHENJISHI JUECE
— JIYU ZHONGZHUXIE YUETAN SHANGSHI GONGSI NIANBAO SHENJI SHIWUSUO DE ZHENGJU

黄益雄 / 著

中国财经出版传媒集团

经济科学出版社
Economic Science Press

图书在版编目（CIP）数据

预防性监管能否影响审计师决策：基于中注协约谈
上市公司年报审计事务所的证据／黄益雄著．—北京：
经济科学出版社，2021.10

ISBN 978 – 7 – 5218 – 2996 – 9

Ⅰ.①预… Ⅱ.①黄… Ⅲ.①上市公司 – 会计报表 –
财务审计 – 研究 – 中国 Ⅳ.①F279.246

中国版本图书馆 CIP 数据核字（2021）第 215793 号

责任编辑：杜　鹏　孙倩靖
责任校对：刘　昕
责任印制：邱　天

预防性监管能否影响审计师决策
——基于中注协约谈上市公司年报审计事务所的证据
黄益雄　著
经济科学出版社出版、发行　新华书店经销
社址：北京市海淀区阜成路甲 28 号　邮编：100142
会计分社电话：010 – 88191441　发行部电话：010 – 88191522
网址：www. esp. com. cn
电子邮箱：esp_bj@ 163. com
天猫网店：经济科学出版社旗舰店
网址：http://jjkxcbs. tmall. com
固安华明印业有限公司印装
710 × 1000　16 开　9.5 印张　160000 字
2021 年 10 月第 1 版　2021 年 10 月第 1 次印刷
ISBN 978 – 7 – 5218 – 2996 – 9　定价：59.00 元
（图书出现印装问题，本社负责调换。电话：**010 – 88191510**）
（版权所有　侵权必究　打击盗版　举报热线：**010 – 88191661**
QQ：2242791300　营销中心电话：**010 – 88191537**
电子邮箱：**dbts@esp. com. cn**）

前　言

　　注册会计师作为会计信息的鉴证者，通过对公司财务报表进行审计，出具审计意见提示被审计客户的经营风险和财务风险，保护资本市场投资者和社会公众利益，服务国家经济社会建设。若要推动经济高质量发展，则需要注册会计师行业提供高质量的审计服务。要想提高注册会计师的审计质量，一方面，会计师事务所要加强自我约束、自我完善，强化内部治理；另一方面，监管方要加大监管力度，完善制度建设，加强对会计师事务所执业的监管。而如何监管注册会计师行业是一个世界性难题。英国（1999 年前）与美国（2002 年前）注册会计师行业监管是以行业自律为主的管制模式，德国和日本注册会计师监管为政府管制模式，英国 1999 年后和美国 2002 年后转为以独立监管为主的管制模式。我国注册会计师行业监管也历经变化，演变为现阶段的政府监管为主、行业监管为辅的混合模式。其实，采用何种监管模式需要看其监管效能。因此，检验注册会计师行业各种不同监管的效果成为实务界和理论界共同关注的核心问题。

　　本书以中国注册会计师协会在上市公司年报审计期间因审计风险约谈会计师事务所为研究对象，在梳理中注协监管上市公司年报审计的制度背景和分析约谈具体会计师事务所案例的基础上，运用管制经济学等理论分析约谈监管对事务所审计决策行为产生影响的作用机理，并实证检验中注协约谈事务所对审计过程和结果的具体影响，为注册会计师行业监管提供经验证据。

　　基于上述研究目标，本书遵循理论分析—实证检验—研究结论的思路，在理论分析部分，利用文献分析和规范分析方法，运用管制经济学理论，结合我国上市公司年报审计监管约谈的实践，分析我国注册会计师行业监管为什么具备行业自律的作用，进而提出年报审计监管约谈影响会计师事务所审计决策的假说；在实证检验部分，利用 2011～2019 年上市公司年报审计约谈的数据，从审计决策的结果和过程两个方面构建不同的模型进行实证分析；在研究结论部分，通过归纳分析方法对实证结果深入分析，解释出现相应结果的原因，形成本书的最终结论。

具体而言，本书的研究内容，除第 1 章"导论"外，主要包括六个部分。第 2 章为"文献综述"。该章首先回顾我国注册会计师行业监管模式构建的文献，其主要结论认为我国注册会计师行业发展的现阶段离不开行业协会的自我发展、自我管理以及政府部门的监管；其次，该章回顾了政府或准政府组织对注册会计师行业监管方面的研究，主要的研究结论认为政府或准政府组织的监管对审计质量有所提高；再次，该章回顾了注册会计师行业自律监管方面的研究，其研究结论尚不一致；最后，该章回顾了审计收费、审计质量和客户组合三个审计师决策方面的文献。第 3 章为"中注协约谈上市公司年报审计的监管制度和现状分析"。该章在梳理中注协约谈上市公司年报审计的相关监管制度的基础上，从约谈主题、约谈方式、约谈时间和约谈事务所四个方面对中注协 2011～2020 年的约谈进行描述性统计，并选择 2012 年中注协约谈大华事务所和国富浩华事务所作案例分析。第 4 章为"理论分析与研究假说"。本章基于监管理论的行业约谈对年报审计决策的影响分析，分别提出中注协约谈对年报审计结果和审计过程的四个具体假说。第 5 章为"中注协约谈监管对年报审计结果影响的实证检验"。本章首先构建模型，其次进行单变量分析和回归分析及稳健性检验，最后对研究结论进行分析。第 6 章为"中注协约谈监管对年报审计过程影响的实证检验"。本章也是首先构建模型，其次进行单变量分析和回归分析及稳健性检验，最后对研究结论进行分析。第 7 章为"研究结论与政策建议"。研究发现，会计师事务所被中注协约谈，如果约谈涉及的审计客户信息没有公布，市场负面反应不明显；如果约谈涉及的审计客户信息公布，其市场作出明显的负面反应，其股票成交量和成交金额明显增大。中注协约谈非十大会计师事务所对被约谈事务所客户的财务报表重述产生显著影响，但中注协约谈对十大事务所审计客户的财务报表重述影响不显著；中注协约谈对事务所变更产生显著影响，进一步分组检验发现，中注协的年报审计约谈主要是对非四大会计师事务所变更的影响显著；中注协约谈对审计延迟产生显著影响，进一步分组检验发现，中注协的年报审计约谈主要对非四大事务所的审计延迟的影响显著；中注协约谈对审计费用产生显著影响，进一步分组检验发现，中注协的年报审计约谈主要是对非四大会计师事务所的审计费用影响显著。研究建议中注协对上市公司年报审计约谈作为事中的一种预防性监管，可以与证监会等行政部门对证券市场审计的事后处罚，形成较为完整的审计监管体系，但需要修订完善之前颁布的中注协上市公司年报审计约谈监管制度；在监管资源相对有限的情况下，可以对不同规模的会计师事务所采取不同的监管方式，针对小规模会计师事务所日常应采取事前或事中的预防性监管，而对大规模会计师事务所，应采取事后的处罚性监管；细化向中注协报备的会计师事务所变更具体内容，要求会计师事务所在报备中具体说明变更的发起方是上市公司还是会计师事务所，证监会对上市公司应要求在年报重要信息中详细披露变更具体情况。

　　本书可能在如下三个方面有所贡献或创新。第一，弥补了会计监管方面的文献，已有的研究对会计监管主要是以事后处罚为主，而从事前或事中预防性监管角度的研究尚不多见。近些年来，证券市场频频爆出财务舞弊或会计造假事件，给有关投资者带来巨大损失，严重影响了市场健康发展。市场监管方往往只能在舞弊事件发生之后，对相关参与者进行处罚，而且处罚前需要经过较长时间的调查取证，其监管严重滞后。如何创新监管方式成为监管方亟待解决的重要现实问题。本研究从事中约谈的角度，为创新监管方式提供了理论依据。第二，丰富了注册会计师行业监管的文献，已有的研究主要是美国注册会计师协会（American Institute of Certified Public Accountants，AICPA）的同业互查和美国公众公司会计监督委员会（Public Company Accounting Oversight Board，PCAOB）的独立检查，而关于注册会计师行业的自律监管研究鲜见。本书研究的中注协约谈，来自中国注册会计师协会（The Chinese Institute of Certified Public Accountants，CICPA）自上而下的监管，与AICPA的同业互查、来自同行业的平行监管或PCAOB的独立检查以及来自《萨班斯—奥克斯利法案》（Sarbanes-Oxley Act，SOX）授权成立且独立于美国证券交易委员会（United States Securities and Exchange Commission，SEC）的准行政监管，都不一样，属于注册会计师行业自律监管。第三，从被约谈会计师事务所的审计结果和审计过程入手，较全面地分析中注协约谈对审计决策的完整影响。以往的文献从被约谈事务所具体客户的角度研究中注协约谈的影响或者只关注约谈的某一个方面。

鉴于本人的学术水平有限，以及课题结题时间紧张，对相关问题的分析以及个别观点的阐述难免会有不妥之处，恳请读者批评指正。

黄益雄

2021 年 9 月

目　　录

第1章 导 论

1.1 研究背景与意义

1.1.1 研究背景

近些年来，一种颇具中国特色的监管方式"约谈"在很多领域被广泛使用。在中国知网以"约谈"为主题搜索，最早于 2003 年深圳市地税局第五检查分局开始将"税务检查约谈"作为年度工作重点。之后，2007 年，国土资源部约谈了土地违法情况严重的 12 个地方政府一把手，开启了国家层面的约谈制度。2008 年，财政部发现投资收益、公允价值变动收益、资产减值损失、预计负债、特殊交易等异常变动的上市公司，针对其 2007 年年报披露和会计师事务所审计情况开始约谈涉及的上市公司和相关会计师事务所。2011年，国家发改委约谈了一些食品、日化类生产企业，要求企业要加强社会责任，不得随意搭车涨价，更不许串通涨价、哄抬物价。2013 年，住建部对房价上涨过快的 7 个城市进行约谈。2014 年，原环保部实施《环境保护部约谈暂行办法》，当年，环保部就约谈 6 个地方政府。约谈作为政府部门的一种行政监督检查手段，是监管者与被监管者之间沟通交流的一种机制。无论是一对一的约谈，还是集体约谈，都有三个优势：其一，灵活有弹性；其二，能够面对面说清楚问题；其三，能够建立互动机制（杨伟东，2014）。行政约谈也有一定的威慑力，因为是上级对下级谈话，有权力行使的方向（庄德水，2014）。沈洪涛和周艳坤（2017）研究了环保部 2014 年下半年推出的环保约谈，采用倾向得分匹配法和倍差法，从企业环境绩效视角考察环境执法监督的微观效果，发现环保约谈显著改善了被约谈地区企业的环境绩效，但环境绩效改善仅显著存在于国有企业，环境执法监督的压力并未在非国有企业得到显著体现；进一步验证了企业面对环境执法监督压力时的行为反应，发现环保约谈一定程度上导致了被约谈地区企业的减产行为，但未能增加企业的环保投资。石庆玲、陈诗一、郭峰（2017）针对公开约谈的25个城市，使用断点回归方法评估了这一政策对空气污染的治理效果，实证结果发现，如果是因为空气污染原因被约谈，则约谈对空气污染有明显的治理效果；但如果不是因为空气污染原因被约谈，则约谈对空气污染就没有影响。对单项污染物的分析则发现约谈的效果主要体现在治理PM2.5和PM10上，而对其他空气污染物没有显著影响，这与目前空气污染治理考核主要集中在PM2.5和PM10上完全一致。此外，约谈的空气污染治理效应只在短期内有效。吴建祖和王蓉娟（2018）对2014年实施的环保约谈制度，采用2012～2016年中国283个地级市平衡面板数据，利用双重差分方法检验环保约谈制度与地方政府环境治理效率之间的关系，评估环保约谈制度的政策效果，研究发现，环保约谈能够有效提高地方政府环境治理效率，约谈当年效果最为明显，之后逐年递减，不具有长效性。于连超、张卫国、毕茜（2019）考察了环境执法监督对企业绿色转型的影响及其机制，研究发现，环境执法监督显著地促进了企业绿色转型，即与未被环保约谈地区企业相比，环保约谈显著地促进了被约谈地区企业的绿色转型；环境执法监督对企业绿色转型的正向影响主要发生在被环保约谈的下一年。拓展性检验与分析后发现，环境执法监督对企业绿色转型的正向影响主要体现在国有企业、大规模企业、低融资约束企业、重污染行业企业中。渠道探索后发现，环境执法监督通过降低企业运营效率、提高企业环境成本、提高环保处罚力度，进而促进企业绿色转型。然而，王惠娜（2019）采用断点回归方法对环保约谈的效果评估发现，环保约谈无法显著加强环境监管，难以显著改善环境质量，只有微弱的证据显示环保约谈对于因空气质量而被约谈部分城市起到显著的改善作用，改善作用在整治半年后显现；地方政府在约谈后采取建设内部制度、加强环境监管等措施，忽视调整经济结构与产业结构的源头治污措施，治污效果无法持续。

以上关于环保部的行政监管约谈研究结论表明约谈发挥了一定的监管效果。但如果监管方换为行业协会，这种自律性的监管是否也具有相应的监管效果呢？据中国注册会计师协会（以下简称中注协）网站显示，最早自 2008 年开始，其就从已披露 2007 年年报的公司中选取 10 家出现业绩较大幅波动的，分别向负责其年报数据的事务所发函，要求对上市公司业绩大幅波动的原因和审计情况作出说明，并对其将那些风险提示。同时，中注协还约请被约谈事务所负责人和签字注册会计师进行谈话。

2011 年 2 月 11 日和 14 日，中注协在北京分别约谈 4 家证券资格会计师事务所负责人，就事务所新承接的部分上市公司 2010 年年报审计业务可能存在的风险作出提示。2011 年 3 月 7 日和 9 日，中注协进行了年报审计第二批约谈，在北京约谈 3 家证券资格会计师事务所负责人，就事务所承接的部分创业板上市公司 2010 年年报审计可能存在的风险作出提示。2011 年 3 月 31 日，中注协进行了年报审计第三批约谈，在北京约谈 4 家证券资格会计师事务所负责人，就事务所承接的部分上市公司 2010 年年报审计业务可能存在的风险作出提示。

2011 年 9 月，中注协为规范和改进上市公司年度财务报表审计监管工作，制定并发布了《上市公司年报审计监管工作规程》（以下简称《规程》）。《规程》明确，在上市公司年报披露期间，中注协应适时启动年报审计监管约谈机制，就上市公司年报审计业务可能存在的风险向被约谈事务所作出提示。约谈主题应当以事务所审计风险的防范和化解为主线，及时反映和解决事务所在年报审计工作中遇到的重大问题。在确定约谈主题时，应当了解相关政府部门的政策动向，考虑资本市场的发展变化和行业面临的主要矛盾与问题。除采取约谈方式对事务所进行风险提示外，对于上市公司年报披露期间注意到的高风险上市公司，中注协可联系被约谈事务所了解情况，并向事务所发出上市公司年报审计监管沟通函，要求其在规定时间内提交高风险客户年报审计情况的书面报告。对于已披露的上市公司年报，如有媒体质疑、公众投诉举报或发现审计报告不当的，中注协应与被约谈事务所取得联系，全面了解情况，必要时可采取当面沟通、专案检查等措施加以应对。

2011 年 12 月 5 日，中注协发布了《关于做好上市公司 2011 年年报审计工作的通知》，明确密切关注其中可能存在的"炒鱿鱼""接下家"问题，对恶意"接下家"行为实施重点监控，并适时启动年报审计监管约谈机制。2012 年 2 月 9 日和 13 日，中注协分别约谈立信、华寅、中兴财光华和大华 4 家证券资格会计师事务所负责人，约谈以"频繁变更审计机构的上市公司年报审计风险防范"为主题，同时还涉及部分事务所未按规定进行业务变更报备和未按规定进行前后任沟通等问题，被约谈事务所的主任会计师、负责质量控制或技术标准的合伙人以及执行上市公司 2011 年年报审计业务的签字注册会计师接受约谈。2012 年 2 月 17 日，中注协约谈当时被行业惩戒的中准和中喜两家证券资格会计师事务所负责人，约谈以"被惩戒事务所及注册会计师执行上市公司年报审计风险防范"为主题，提醒事务所认真落实中注协提出的整改要求，切实完善和加强事务所质量控制体系建设，从源头上确保2011 年年报审计工作质量，被约谈事务所的主任会计师、负责质量控制或技术标准的合伙人以及执行上市公司 2011 年年报审计业务的签字注册会计师接受约谈。2012 年 3 月 2 日，中注协约谈毕马威华振和中磊两家证券资格会计师事务所负责人，约谈以"处在盈亏边缘的上市公司年报审计风险防范"为主题，约谈涉及的上市公司都是业绩微利或微亏、备受各方关注的公司，被约谈事务所的主任会计师、负责质量控制或技术标准的合伙人以及执行上市公司 2011 年年报审计业务的签字注册会计师接受约谈。2012 年 3 月 6 日，中注协约谈中审亚太、深圳市鹏城和北京天圆全 3 家证券资格会计师事务所负责人，约谈以"业绩大幅波动的上市公司年报审计风险防范"为主题，被约谈事务所的主任会计师、负责质量控制或技术的合伙人以及执行有关上市公司 2011 年年报审计业务的签字注册会计师接受约谈。2012 年 3 月 14 日，中注协约谈上海东华和山东正源和信两家证券资格会计师事务所负责人，约谈以"被媒体曝光、可能涉嫌财务造假的上市公司年报审计风险防范"为主题，提醒事务所重视舆论监督，恰当应对媒体质疑，被约谈事务所的主任会计师、负责质量控制或技术的合伙人以及执行有关上市公司 2011 年年报审计业务的签字注册会计师接受约谈。2012 年 3 月 15 日，中注协约谈中瑞岳华和北京兴华两家证券资格会计师事务所负责人，约谈以"审计费用在同行业中处于较低水平的上市公司年报审计风险防范"为主题，旨在提醒事务所抵制不正当低价竞争，被约谈事务所的主任会计师、负责质量控制或技术的合伙人以及执行有关上市公司 2011 年年报审计业务的签字注册会计师接受约谈。2012 年 3 月 21 日～30 日，中注协向立信、天健、众环海华和四川华信 4家证券资格会计师事务所发函，书面提示风险主要针对三类上市公司：一是持续经营能力可能存在问题的上市公司（提示对象为众环海华事务所）；二是正在实施重组的上市公司（提示对象为立信和四川华信事务所）；三是可能涉嫌隐瞒关联方关系及其交易的上市公司（提示对象为天健事务所）。2012 年 4 月 25 日，中注协向国富浩华会计师事务所发函，以"频繁变更审计机构的上市公司年报审计风险防范"为主题，就事务所新承接的长春经开 2011 年年报审计业务可能存在的风险作出书面提示，风险提示为关注资产转让、对外担保等非常规交易和事项，关注管理层的诚信以及公司的持续经营能力，关注近期证监局整改通知列示的财务核算问题及相关事项，关注关联方关系及其交易、资产减值、收入的确认与计量等重大风险领域。

2012 年 4 月，作为被约谈的立信会计师事务所主任会计师、首席合伙人朱建弟表示，对于中注协的约谈和致函事务所非常欢迎，这对事务所确实很有帮助，能够提高事务所的风险意识，对事务所执行审计业务进行把关，能够帮助事务所更谨慎地预防风险，起到非常重要的正面引导作用。

2012 年 6 月，财政部领导对注册会计师行业监管工作作出批示。时任财政部副部长、中注协会长李勇要求，一是行业监管工作要积极规划、制定政策、采取措施，将诚信为本的理念落实到位，不断提高事务所执业质量，使得事务所出具的报告真正经得起市场考验。二是在行业监管工作中要采取更加有效的办法制止或纠正行业中的造假、低价竞争、频繁换所等情况，并与相关部门建立良好的沟通渠道，加强公众关注事件的透明度。三是要结合行业发展战略，落实好时任国家副主席习近平对行业提出的"以服务国家建设为主题"和"以诚信建设为主线"的重要批示精神。时任财政部副部长王军充分肯定了中注协年报审计约谈工作的成绩，指出这项工作开展得很好，社会影响也非常好。约谈活动是中注协创先争优、服务国家建设的重要成果，他要求要总结约谈经验，挖掘约谈成果，研究如何更好约谈，使约谈产生更大更多的社会反响、市场反响。

2013 年 2 月 22 日，中注协分别约谈大华和中磊两家证券资格会计师事务所负责人，约谈以"媒体广泛关注的创业板上市公司年报审计风险防范"为主题，提醒事务所密切关注当前宏观经济形势及资本市场的变化，充分考虑业绩压力对被审计单位可能造成的影响，恰当应对管理层可能舞弊导致的重大错报风险，被约谈事务所的主任会计师、负责质量控制或技术的合伙人以及执行有关上市公司 2012 年年报审计业务的签字注册会计师接受约谈。2013 年 3 月 6 日和 11 日，中注协分别约谈华寅五洲和大信两家证券资格会计师事务所负责人，约谈以"变更审计机构的上市公司年报审计风险防范"为主题，同时涉及上市公司审计机构变更报备、前后任事务所沟通以及审计收费等问题，被约谈事务所的主任会计师、负责质量控制或技术的合伙人以及执行有关上市公司 2012 年年报审计业务的签字注册会计师接受约谈。2013 年 3 月 14 日，中注协约谈利安达会计师事务所负责人，约谈以"媒体关注的业绩大幅波动的上市公司年报审计风险防范"为主题，被约谈事务所的主任会计师、负责质量控制的合伙人以及执行有关上市公司 2012 年年报审计业务的签字注册会计师接受约谈。2013 年 3 月 19 日，中注协约谈致同会计师事务所负责人，约谈以"业绩下滑的新上市公司年报审计风险防范"为主题，被约谈事务所的主任会计师、负责质量控制的合伙人以及执行有关上市公司 2012 年年报审计业务的签字注册会计师接受约谈。2013 年 3 月 22 日，中注协约谈国富浩华会计师事务所负责人，约谈以"面临退市风险的上市公司年报审计风险防范"为主题，同时涉及因事务所合并而变更审计机构的审计项目质量控制安排，国富浩华事务所的主任会计师、负责质量控制的合伙人以及执行有关上市公司 2012 年年报审计业务的签字注册会计师接受约谈。2013 年 4 月 1 日，中注协约谈中勤万信会计师事务所负责人，约谈以"上市公司内部控制审计风险防范"为主题，同时涉及事务所对执业质量检查发现问题的整改落实情况，中勤万信事务所的主任会计师、负责质量控制的合伙人以及执行有关上市公司 2012 年年报审计和内控审计业务的签字注册会计师接受约谈。2013 年 4 月 11 日，中注协约谈永拓会计师事务所负责人，约谈以"上市公司年报审计收费降低的风险防范"为主题，永拓事务所的主任会计师、负责质量控制的合伙人以及执行有关上市公司 2012 年年报审计业务的签字注册会计师接受约谈。2013 年 4 月 22 日，中注协就重大审计服务招投标项目中涉嫌违规低价竞标问题，约谈了北京兴华会计师事务所和北京中证天通会计师事务所相关负责人，进一步加强治理行业不正当低价竞争，规范审计服务投标行为。2013 年 4 月底，中注协向中瑞岳华和众环海华两家证券资格会计师事务所发函，分别就事务所承接的部分上市公司年报审计业务可能存在的风险作出书面提示。书面提示两类审计风险：一是就持续经营能力可能存在问题的上市公司年报审计风险提示中瑞岳华事务所；二是就正在实施资产重组的上市公司年报审计风险提示众环海华事务所。

2013 年 12 月 11 日，中注协以"防范上市公司管理层凌驾于内部控制之上风险"为主题约谈瑞华会计师事务所，就其承接的部分上市公司 2013 年度内控审计业务可能存在的风险进行提示，瑞华事务所主任会计师、负责质量控制的合伙人以及执行有关上市公司 2013 年度内控审计业务的签字注册会计师等接受约谈。2014 年 1 月 16 日，中注协以"事务所合并后解除业务约定的上市公司年报审计风险防范"和"变更审计机构的上市公司年报审计风险防范"为主题，分别约谈中兴财光华和天健两家证券资格会计师事务所负责人，就事务所新承接的部分上市公司 2013 年年报审计业务可能存在的风险进行提示，被约谈事务所的主任会计师、负责质量控制或技术的合伙人以及执行有关上市公司 2013 年年报审计业务的签字注册会计师接受约谈。2014 年 2 月 28 日，中注协向立信和上会两家证券资格会计师事务所发函，分别就事务所承接的部分上市公司年报审计业务可能存在的风险作出书面提示，书面提示主要针对面临退市风险的上市公司年报审计风险。在风险提示函中，中注协要求事务所始终保持高度的职业怀疑态度，强化项目组人员配备，加大项目质量控制复核力度，在完成常规审计程序的基础上，注意结合非常规交易实际，设计、实施有针对性的特别审计程序，对舞弊导致的重大错报风险进行有效的识别、评估和应对。2014 年 3 月 31 日，中注协以"事务所合并后高风险上市公司年报审计业务风险防范"为主题，对中审华寅五洲和大信两家证券资格会计师事务所分别进行了当面约谈和书面约谈，中注协指出，事务所在合并重组后要进一步强化质量至上意识，对自身的质量控制体系进行系统梳理和全面整合，并执行统一的质量控制政策和程序，切实提升事务所内部治理和执业风险防范水平。对于被合并事务所或新吸收的其他事务所审计业务团队带入的业务，尤其是高风险业务，事务所要根据质量控制准则规定和内部质量控制制度要求，将其作为新业务进行严格的风险评估，并依据评估结果决定是否承接。2014 年 4 月 3 日，中注协以"特定行业（农业）的上市公司年报审计风险防范"为主题，约谈中兴华和北京永拓两家证券资格会计师事务所负责人，就事务所承接的部分上市公司 2013 年年报审计业务可能存在的风险进行提示，被约谈事务所的主任会计师、负责质量控制或技术的合伙人以及执行有关上市公司 2013 年年报审计业务的签字注册会计师接受约谈。2014 年 4 月 14 日，中注协向江苏苏亚金诚会计师事务所发函，就事务所承接的多年未变更审计机构的上市公司年报审计风险作出书面提示。2014 年 4 月 15 日，中注协向众环海华会计师事务所发函，书面提示产能严重过剩行业的上市公司年报审计风险。2014 年 4 月 16 日，中注协向北京兴华会计师事务所发函，书面提示创业板新上市公司的年报审计风险。2014 年 4 月 18 日，中注协分别向大华和致同两家证券资格会计师事务所发函，分别提示审计费用显著降低的上市公司年报审计风险和屡次被处罚、调查的上市公司年报审计风险。2014 年 4 月 22 日，中注协向山东和信及信永中和两家证券资格事务所发函，书面提示存在重大非常规交易的上市公司年报审计风险。2014 年 4 月 30 日，中注协针对短期内频繁变更审计机构的上市公司年报审计可能存在的风险，向近期新近承接相关上市公司年报审计业务的亚太（集团）会计师事务所发函，书面提示审计风险，以确保上市公司年报审计质量。

中注协在上市公司 2013 年年报审计期间，开展年报审计监管约谈，向证券资格事务所及时提示年报审计风险。总结当时的年报审计约谈工作，中注协认为，一是提时间、加力度。为增强约谈工作的时效性，中注协将约谈时间前移，在 2013 年 12 月即开展第一次约谈，比 2012 年年报审计监管首次约谈提前了两个月。与 2012 年年报审计监管约谈（约谈 9 次，涉及证券所 11 家、上市公司 15 家）相比，2013 年年报审计监管约谈的工作力度都明显加大。二是优主题、重创新。中注协结合行业发展中出现的新情况、资本市场发生的财务舞弊案件以及当前国内宏观经济形势，进一步优化和创新约谈主题，恰当选取约谈对象。一方面，将资本市场广泛关注的热点问题（如上市公司频繁变更审计机构、创业板新上市公司）和行业监管的重点工作（如治理不正当低价竞争）作为约谈主题；另一方面，针对近年来事务所合并重组较为频繁的现象，对合并后事务所未予承接的年报审计业务以及被合并方带入的高风险年报审计业务的风险进行了提示。此外，中注协还首次以特定行业（农业）和产能严重过剩行业为主题，提醒事务所在年报审计过程中全面把握行业特点，综合考虑上市公司内外部环境，始终保持应有的职业谨慎。三是调方式、求实效。为减轻事务所工作负担，提高约谈工作效率，中注协在完善当面约谈机制的同时，加大书面约谈力度，将约谈方式从"当面约谈为主，书面约谈为辅"调整为"书面和当面约谈并重"。此外，中注协坚持走群众路线，接受事务所提议，将 2013 年年报审计监管约谈函抄送相关上市公司，增强了事务所与客户沟通、谈判的底气。四是强管理、提水平。第一，强化约谈工作技术支持力量，在保持财务报表审计监管专家咨询组规模的同时，专门组建了内部控制审计监管专家咨询组。第二，考虑内部控制审计业务特点和审计工作时间安排，于 2013 年 12 月先行开展内部控制审计监管约谈。第三，指定专人全程跟踪和分析事务所的年报审计情况，提高风险识别、揭示和防范水平。第四，每次约谈结束后认真总结约谈工作经验、查找不足，不断改进约谈工作。五是扩宣传、促落实。上市公司年报审计动态监管不仅是约谈某家事务所，更是提醒广大事务所和注册会计师举一反三，防范审计风险。每次约谈结束后，中注协都及时整理专家咨询组的风险提示意见并发给被约谈事务所。同时，在协会网站、会刊上开展"以点带面"式的新闻宣传，注重宣传的专业性和指导性，并将相关内容作为年报审计情况快报的重要组成部分，扩充快报信息量。此外，中注协还与事务所建立日常沟通机制，全面跟踪约谈项目年报审计工作后续开展情况，促进事务所消化吸收和落实约谈有关要求。同时，被约谈事务所认为，中注协的年报审计监管约谈切合形势、抓住重点，对事务所加强质量控制体系建设和把控审计关键环节具有指导意义，对全面做好年报审计工作，有效防控年报审计风险很有帮助。接受约谈的事务所认真贯彻约谈有关要求，全力防控年报审计风险。年报审计监管约谈涉及的 16 家上市公司中，有 3 家被出具了非标准的财务报表审计报告，1 家被出具了非标准的内部控制审计报告；2013 年度，事务所出具非标准内控审计报告 45 份，占全部内控审计报告的 3.94%，非标准报告的数量和比例都较 2012 年度（24 份，2.49%）明显上升。

2014 年 12 月 30 日，中注协以"农业类上市公司年报审计风险防范"为主题，对大华、致同两家证券资格会计师事务所分别进行了当面约谈和书面约谈，就事务所承接的部分上市公司 2014 年年报审计业务可能存在的风险进行提示。同日，中注协以"发生会计估计变更的上市公司内部控制审计风险防范"为主题，在北京约谈中审亚太会计师事务所，就其承接的部分上市公司 2014 年度内部控制审计业务可能存在的风险进行提示。2015 年 1 月 14 日，中注协以"金融类上市公司年报审计风险防范"为主题，对德勤华永会计师事务所进行了当面约谈，就事务所承接的部分上市公司 2014 年年报审计业务可能存在的风险进行提示。同日，中注协以"接受过执业质量检查的上市公司年报审计业务风险防范"为主题，对利安达会计师事务所进行了当面约谈，就事务所承接的部分上市公司 2014 年年报审计业务可能存在的风险进行提示。2015 年 1 月 22 日，中注协以"发生重大资产重组的上市公司年报审计风险防范"为主题，对瑞华、天健两家证券资格会计师事务所分别进行了当面约谈和书面约谈；以"并购重组后业绩大幅下滑的上市公司年报审计风险防范"为主题，对广东正中珠江会计师事务所进行了当面约谈。2015 年 2 月 9 日，中注协以"连续多年变更审计机构的上市公司年报审计风险防范"为主题，对亚太（集团）会计师事务所进行了当面约谈；以"上市不久即面临退市的上市公司年报审计风险防范"为主题，对立信、天衡两家证券资格会计师事务所分别进行了当面约谈和书面约谈。2015 年 2 月 13 日，中注协向众华及众环海华两家证券资格会计师事务所发函，书面提示房地产类上市公司 2014 年年报审计风险。2015 年 2 月 13 日，中注协以"煤炭类上市公司年报审计风险防范"为主题，对普华永道中天、希格玛两家证券资格会计师事务所分别进行了当面约谈和书面约谈，就事务所承接的部分上市公司 2014 年年报审计业务可能存在的风险进行提示。2015 年 3 月 2 日，中注协以"发生股权纷争的上市公司内部控制审计风险防范"为主题，书面约谈四川华信（集团）会计师事务所，就其承接的部分上市公司 2014 年度内部控制审计业务可能存在的风险进行提示。同日，中注协以"多次修正业绩预告的上市公司年报审计风险防范"为主题，对中喜会计师事务所进行了当面约谈，就事务所承接的部分上市公司 2014 年年报审计业务可能存在的风险进行提示。2015 年 3 月 19 日，中注协以"钢铁行业上市公司年报审计风险防范"为主题，书面约谈中兴财光华会计师事务所，就其承接的部分上市公司 2014 年年报审计业务可能存在的风险进行提示。2015 年 3 月 23 日，中注协以"向地方政府融资平台提供大额委托贷款的上市公司年报审计风险防范"为主题，对中审亚太、华普天健两家证券资格会计师事务所进行了书面约谈，就事务所承接的部分上市公司 2014 年年报审计业务可能存在的风险进行提示。2015 年 3 月 24 日，中注协以"高速公路上市公司年报审计风险防范"为主题，对瑞华、天健两家证券资格会计师事务所进行了书面约谈，就事务所承接的部分上市公司 2014 年年报审计业务可能存在的风险进行提示。

中注协总结 2014 年上市公司年报审计监管约谈工作时认为，一是加大力度。无论是约谈次数还是约谈事务所数量，与 2013 年年报审计监管约谈（共开展 13 批次，约谈证券资格事务所 17 家，涉及上市公司 16 家）相比，2014 年年报审计监管约谈的工作力度均明显加大。二是加大提前量。为给事务所吸收、借鉴中注协风险提示意见提供充足时间，中注协将 2014 年年报审计监管约谈时间整体提前，仅在 2015 年 1~2 月份就集中开展了 9 批次约谈，全部 15 批次约谈均于 2015 年 3 月中旬前完成，比 2013 年年报审计监管约谈结束时间提早近 1 个月。三是强化专业力量。中注协充实年报审计监管专家咨询组，将咨询组成员由 2014 年的 14 名增加到 19 名。专家咨询组在确定约谈主题、选取约谈对象、提示年报审计风险的过程中，发挥了强有力的技术支持作用。同时，中注协对专家咨询组提出的风险提示意见进行把关，补充和完善意见内容，进一步增强识别、揭示和防范风险的专业指导性。四是突出主题。针对资本市场热点问题以及行业发展面临的现状和潜在风险，中注协进一步丰富约谈主题，提高约谈工作的针对性。考虑到近年上市公司重大资产重组交易活跃，中注协专门对发生重大资产重组以及并购重组后业绩大幅下滑的上市公司年报审计风险予以提示；考虑到部分行业财务造假案件较多、易受宏观经济与政策影响等特点，中注协分别以农业、金融、房地产、煤炭、钢铁以及高速公路六类上市公司年报审计风险防范为主题，分行业提示审计风险。此外，为加强内部控制审计风险防范，中注协有针对性地开展内部控制审计监管约谈，对发生会计估计变更以及发生股权纷争的上市公司内部控制审计风险予以提示。五是创新方式。为减轻事务所工作负担，提高约谈工作效率，中注协充分考虑事务所年报审计工作特点，采取更为灵活的约谈方式，对重要的约谈主题同时采取当面约谈和书面约谈；在年报审计工作前期侧重于当面约谈，后期侧重于书面约谈。此外，中注协还加强与被约谈事务所的日常沟通，全程跟踪相关事务所的年报审计情况，对事务所提出的重大、疑难问题及时给予技术支持。六是宣传到位。每次约谈结束后，中注协都及时归纳整理专家咨询组的风险提示意见并发给被约谈事务所，在 2014 年年报审计期间，中注协共向事务所发出风险提示意见 23 篇；同时，中注协还在协会网站、会刊上开展"以点带面"式的新闻宣传，共编发约谈新闻稿 13 篇。风险提示意见和新闻稿篇数均较 2013 年年报审计监管约谈（风险提示意见 17 篇，新闻稿 11 篇）进一步增加。通过持续而深入的对外宣传，不断提醒和引导广大事务所及注册会计师关注风险、防范风险，取得良好成效。在当年年报审计监管约谈涉及的 23 家上市公司中，有 5 家被出具了非标准的财务报表审计报告，5 家被出具了非标准的内部控制审计报告；2014 年度，事务所出具非标准意见财务报表审计报告 98 份，占全部财务报表审计报告的 3.67%，非标准报告的数量和比例都较上年度（87 份，3.43%）有所上升；事务所出具非标准意见内控审计报告 78 份，占全部内控审计报告的 5.32%，非标准报告的数量和比例都较上年度（45 份，3.94%）明显上升。

　　中注协在上市公司2015年年报披露期间，启动上市公司年报审计监管约谈工作：一是改进约谈整体安排，为事务所吸收、借鉴中注协风险提示意见提供充足时间；二是丰富和拓展约谈主题，在继续密切关注事务所恶意"接下家"和监控行业不正当低价竞争行为的同时，及时针对资本市场热点问题和公众关切的问题设计恰当的约谈主题，更好地提醒事务所关注和应对相关审计风险；三是优化约谈方式和流程，充分考虑事务所年报审计工作特点，采取更为灵活的约谈方式，在确保约谈效果的基础上，尽量减轻事务所负担。2016年1月19日，中注协以"管理层频繁变更的上市公司内部控制审计风险防范"为主题，书面约谈中喜会计师事务所，就其承接的部分上市公司2015年度内部控制审计业务可能存在的风险进行提示。2016年1月27日，中注协以"农业类上市公司年报审计风险防范"为主题，对大信、瑞华两家证券资格会计师事务所分别进行了当面约谈和书面约谈，以"有色金属行业上市公司年报审计风险防范"为主题，对安永华明、大华两家证券资格会计师事务所分别进行了当面约谈和书面约谈，就事务所承接的部分上市公司2015年年报审计业务可能存在的风险进行提示。2016年2月3日，中注协以"保壳类上市公司年报审计风险防范"为主题，对天健会计师事务所进行了当面约谈，对希格玛、福建华兴、众华三家证券资格会计师事务所进行了书面约谈，就事务所承接的部分上市公司2015年年报审计业务可能存在的风险进行提示。2016年2月4日，中注协以"煤炭行业上市公司年报审计风险防范"为主题，对信永中和、中勤万信两家证券资格会计师事务所分别进行了当面约谈和书面约谈，就事务所承接的部分上市公司2015年年报审计业务可能存在的风险进行提示。2016年2月17日，中注协以"钢铁类上市公司年报审计风险防范"为主题，对中审华寅五洲、致同两家证券资格会计师事务所进行了书面约谈，就事务所承接的部分上市公司2015年年报审计业务可能存在的风险进行提示。2016年2月18日，中注协以"房地产行业上市公司年报审计风险防范"为主题，对立信中联、天职国际两家证券资格会计师事务所进行了书面约谈，就事务所承接的部分上市公司2015年年报审计业务可能存在的风险进行提示。2016年3月17日，中注协以"证券类上市公司年报审计风险防范"为主题，书面约谈毕马威华振会计师事务所，以"上市商业银行年报审计风险防范"为主题，书面约谈普华永道中天会计师事务所，就其承接的部分上市公司2015年年报审计业务可能存在的风险进行提示。

2016 年 3 月 24 日，中注协以"去年接受执业质量检查的上市公司年报审计项目风险防范"为主题，对山东和信、亚太（集团）两家证券资格会计师事务所进行了书面约谈，以"变更审计机构且降低审计费用的上市公司年报审计风险防范"为主题，对立信、中天运两家证券资格会计师事务所进行了书面约谈，以"涉足互联网金融的上市公司年报审计风险防范"为主题，对华普天健、北京中证天通两家证券资格会计师事务所进行了书面约谈，就其承接的部分上市公司 2015 年年报审计业务可能存在的风险进行提示。2016 年 3 月 29 日，中注协以"已经被特别处理的上市公司年报审计风险防范"为主题，对瑞华、四川华信两家证券资格会计师事务所分别进行了当面约谈和书面约谈，就事务所承接的部分上市公司 2015 年年报审计业务可能存在的风险进行提示。2016 年 4 月 6 日，中注协以"业绩较差且多次变更审计机构的上市公司年报审计风险防范"为主题，对大华、上会两家证券资格会计师事务所分别进行了当面约谈和书面约谈，就事务所承接的部分上市公司 2015 年年报审计业务可能存在的风险进行提示。2016 年 4 月 19 日，中注协以"备受媒体关注的上市公司年报审计项目风险防范"为主题，对中审亚太、立信和江苏苏亚金诚三家证券资格会计师事务所进行了书面约谈，以"多次并购重组的上市公司年报审计风险防范"为主题，对中兴财光华、中审众环两家证券资格会计师事务所进行了书面约谈，以"多年盈亏相间的上市公司年报审计项目风险防范"为主题，对江苏公证天业、北京兴华两家证券资格会计师事务所进行了书面约谈，以"连续多年处于盈亏边缘的上市公司年报审计风险防范"为主题，对利安达、中汇两家证券资格会计师事务所进行了书面约谈，以"上市当年业绩明显下滑的上市公司年报审计风险防范"为主题，对德勤华永、北京天圆全两家证券资格会计师事务所进行了书面约谈，以"业绩大幅波动的创业板上市公司年报审计风险防范"为主题，对中兴华、天衡两家证券资格会计师事务所进行了书面约谈，以"曾被中注协惩戒的上市公司年报审计项目风险防范"为主题，对北京永拓会计师事务所进行了书面约谈，就事务所承接的部分上市公司 2015 年年报审计业务可能存在的风险进行提示。

上市公司 2015 年年报审计监管约谈工作中注协负责人接受记者采访指出：一是约谈对象实现全覆盖。截至 2016 年 4 月，中注协累计开展 22 批次约谈工作，约谈证券所 40 家，涉及上市公司 43 家。约谈对象首次实现 40 家证券所全覆盖。与 2011～2015 年相比，2016 年约谈的工作力度明显加大。二是约谈整体安排更趋合理。中注协充分考虑证券所年报审计工作特点，在 2015 年 12 月就制定了约谈工作方案，并在上市公司年报密集披露期到来前完成约谈工作，为证券所吸收、借鉴风险提示意见提供充足时间。同时，中注协采取更加灵活的约谈方式，对重要的约谈主题同时采取当面约谈和书面约谈，对规模大且上市公司客户多的证券所主要采取当面约谈方式；在年报审计工作前期侧重于当面约谈，后期侧重于书面约谈。三是专业力量投入进一步加强。在 2015 年年报审计期间，中注协指派专人负责约谈工作。同时，中注协进一步充实年报审计监管咨询专家组力量，将咨询组成员由 2015 年的 19 名增加到 24 名，针对约谈主题，组织专家深入分析，指出可能存在的年报审计风险，有针对性地进行风险提示。四是约谈主题设计更有针对性。结合 2015 年年报审计工作通知要求，并针对资本市场热点问题以及行业发展面临的现状和潜在风险，中注协进一步丰富约谈主题，提高约谈工作的针对性。例如，考虑到部分行业财务造假案件较多、易受宏观经济与政策影响等特点，中注协分别以有色金属、农业、煤炭、钢铁以及房地产 5 类上市公司年报审计风险防范为主题，分行业提示审计风险；考虑到 ST 类公司经营压力大、审计风险高，中注协专门对保壳类上市公司以及已经被特别处理的上市公司年报审计风险予以提示。此外，为加强内部控制审计风险防范，中注协有针对性地开展内部控制审计监管约谈，对管理层频繁变更的上市公司内部控制审计风险予以提示。五是约谈重点关注系统风险防范。一方面，约谈工作充分利用 2011～2015 年系统风险检查成果，对系统风险较高、承接上市公司业务较多的大型证券所加大约谈力度。另一方面，在约谈中重点了解证券所质量控制体系的设计、运行情况，特别是自第一轮执业质量检查后，质量控制体系的调整变化情况；了解证券所合伙人参与上市公司 2015 年年报审计工作的总体安排以及事务所如何强化高风险审计项目的质量控制安排，提示证券所防范系统风险，并对承做的高风险项目进行风险提示，通过"打招呼、提要求"，将系统风险防范真正落到实处。六是约谈工作影响力进一步扩大。每次约谈结束后，中注协都及时归纳整理专家咨询组的风险提示意见并发给被约谈事务所，在 2015 年年报审计期间，中注协共向事务所发出风险提示意见 43 篇；同时，中注协在协会网站、会刊上开展"以点带面"式的新闻宣传，共编发约谈新闻稿 22 篇。风险提示意见和新闻稿数量均较 2014 年年报审计监管约谈（风险提示意见 23 篇，新闻稿 13 篇）有大幅增加。中注协通过持续而深入的对外宣传，营造重视风险的良好氛围，不断提醒和引导广大事务所及注册会计师关注风险、防范风险，取得良好成效。同时，接受约谈的事务所认真贯彻约谈有关要求，全力防控年报审计风险。截至 2016 年 4 月 18 日，2015 年年报审计监管约谈涉及的 43 家上市公司中，已有 19 家上市公司披露 2015 年年报，其中 4 家被出具了非标准的财务报表审计报告，1 家被出具了非标准的内部控制审计报告。

　　2017 年 1 月 26 日，中注协约谈中兴财光华会计师事务所，结合 2016 年对该所执业质量检查发现的问题和整改建议，要求其举一反三进行全面整改，进一步提高执业质量。2017 年 2 月 14 日，中注协电话约谈有关证券资格会计师事务所负责人，针对 2016 年年报审计机构变更报备中存在的异常迹象，提示证券资格事务所预防审计风险。2017 年 2 月 16 日，中注协约谈瑞华、立信两家证券资格会计师事务所，就面临保壳压力且变更审计机构的上市公司审计风险作出提示。2017 年 2 月 27 日，中注协约谈中喜会计师事务所，就临近期末发生重大会计政策变更的上市公司审计风险作出提示。2017 年 3 月 12 日，中注协相关负责人电话约谈亚太（集团）会计师事务所，就其新承接的上市公司业务审计风险进行提示。2017 年 3 月 17 日，中注协以"无控股股东及实际控制人的上市公司内部控制审计风险防范"为主题，书面约谈大华会计师事务所，就其承接的部分上市公司 2016 年度内部控制审计业务可能存在的风险进行提示。2017 年 3 月 20 日，中注协以"农林牧渔类上市公司年报审计风险防范"为主题对中审众环会计师事务所进行了书面约谈，就事务所承接的农林牧渔类上市公司 2016 年年报审计业务可能存在的风险进行提示。2017 年 3 月 22 日，中注协相关负责人电话约谈天职国际会计师事务所，就其新承接的上市公司审计业务风险进行提示。2017 年 4 月 11 日，中注协以"临近年报披露日期更换审计机构的上市公司年报审计风险防范"为主题，当面约谈了中审亚太会计师事务所，就事务所新承接的 2016 年年报审计业务可能存在的风险进行提示。2017 年 4 月 12 日，中注协以"财务报表合并范围发生重大变化的上市公司年报审计风险防范"为主题，书面约谈了信永中和会计师事务所，就事务所承接的 2016 年年报相关审计业务可能存在的风险进行提示。2017 年 4 月 13 日，中注协相关负责人电话约谈上会会计师事务所首席合伙人，就其临近年报披露日期新承接的上市公司审计业务风险进行提示。2017 年 4 月 17 日，中注协以"业绩连续多年处于盈亏平衡点的上市公司年报审计风险防范"为主题，书面约谈了中准会计师事务所，就事务所承接的 2016 年年报审计业务可能存在的风险进行提示。2017 年 4 月 20 日，中注协以"海外业务较多的上市公司年报审计风险防范"为主题，书面约谈了德勤华永会计师事务所，就事务所承接的 2016 年年报相关审计业务可能存在的风险进行提示。

2018 年 1 月 22 日，中注协书面约谈天健会计师事务所，提示股票质押业务较多的金融类上市公司年报审计风险。2018 年 1 月 25 日，中注协约谈大信会计师事务所，提示对外投资产业性基金的上市公司年报审计风险。2018 年 2 月 8 日，中注协约谈普华永道中天会计师事务所，提示银行类上市公司年报审计风险。2018 年 2 月 24 日，中注协约谈广州正中珠江会计师事务所，提示多次并购重组的上市公司内部控制审计风险。2018 年 3 月 9 日，中注协对山东和信会计师事务所新承接的上市公司年报审计业务进行了风险提示。2018 年 3 月 18 日，中注协约谈立信会计师事务所，提示互联网行业上市公司年报审计风险。2018 年 4 月 2 日，中注协对中喜会计师事务所新承接的上市公司年报审计业务进行了风险提示。2018 年 4 月 8 日，中注协约谈瑞华会计师事务所，提示年报审计期间更换会计师事务所且修正业绩预告的上市公司年报审计风险。2018 年 4 月 11 日，中注协书面约谈大华会计师事务所，提示依靠投资收益及其他非经常性损益扭亏为盈的上市公司年报审计风险。2018 年 4 月 12 日，中注协对亚太（集团）会计师事务所临近年报披露日期承接的上市公司年报审计业务进行了风险提示。

2019 年 1 月 24 日，中注协约谈大华会计师事务所，提示近三年实施重大资产重组的上市公司年报审计风险。2019 年 2 月 20 日，中注协书面约谈中审众环会计师事务所，提示临近会计期末更换会计师事务所的上市公司年报审计风险。2019 年 3 月 15 日，中注协书面约谈立信会计师事务所，提示债务违约风险较高的上市公司年报审计风险。2019 年 3 月 23 日，中注协约谈信永中和会计师事务所，提示短期内预告业绩大幅变动的上市公司年报审计风险。2019 年 3 月 28 日，中注协约谈江苏公证天业会计师事务所，提示上市商业银行年报审计风险。2019 年 4 月 3 日，中注协相关负责人电话约谈瑞华会计师事务所（特殊普通合伙）首席合伙人，对其临近年报披露截止日新承接的湖北仰帆控股股份有限公司（股票简称 ST 仰帆）2018 年年报审计业务，进行风险提示。2019 年 4 月 10 日，中注协约谈江苏苏亚金诚会计师事务所，提示临近年报披露日期更换会计师事务所的上市公司年报审计风险。同日，中注协约谈中兴华会计师事务所，提示面临股票暂停交易和退市风险的上市公司年报审计风险。

2020 年 1 月 17 日，中注协约谈大信会计师事务所，提示债务违约风险较高的上市公司年报审计风险。2020 年 2 月 28 日，中注协书面约谈立信中联会计师事务所（特殊普通合伙），提示房地产行业上市公司年报审计风险。2020 年 4 月 14 日，中注协书面约谈立信会计师事务所（特殊普通合伙），提示信托业务年报审计风险。2020 年 4 月 30 日，中注协书面约谈天健会计师事务所（特殊普通合伙），提示医药行业上市公司年报审计风险。同日，中注协书面约谈利安达会计师事务所（特殊普通合伙），提示股票面临暂停交易或终止上市的上市公司年报审计风险。2020 年 5 月 9 日，中注协书面约谈永拓会计师事务所（特殊普通合伙），提示频繁变更会计师事务所的上市公司年报审计风险。

以上是中注协对上市公司年报审计监管约谈工作的具体情况及约谈后中注协认为约谈工作的成效。然而，中注协作为行业协会的自律监管方，与环保部的行政监管约谈有一定的差异，那么，其约谈是否也能影响会计师事务所的审计决策、发挥约谈的提示和警醒作用呢？这是一个需要实证检验的命题。

1.1.2　研究意义

本书的理论意义在于分析行业协会约谈监管产生作用的机理。已有的大多数文献对行政监管约谈的经验证据表明环保部的约谈发挥了一定的监管作用，而本书分析的是行业协会的自律监管约谈。那么，这样约谈监管是如何发挥作用的？其监管的效果如何？这些都是需要研究的重要理论问题。本书以中注协在上市公司年报审计期间约谈会计师事务所的事件为对象，理论分析这一事中监管对事务所审计产生影响的作用机理。

本书的实际应用价值至少有：一是为注册会计师行业自律监管提供经验证据。世界各国注册会计师行业监管模式有自律监管、独立监管和政府监管等，我国目前是以政府监管为主，行业监管为辅。已有的研究主要以提出我国注册会计师行业应采取何种监管模式或监管制度的设计居多，而缺乏对相关监管模式或制度效果的经验证据。本书将利用中注协在上市公司年报审计期间约谈会计师事务所这一独特的监管政策，分析研究行业约谈监管政策的效果，为注册会计师行业自律监管提供经验证据。二是为中注协制定上市公司年报审计约谈监管政策提供参考。理论分析将剖析约谈监管对事务所审计产生影响的作用机理，为约谈监管政策的完善指明方向；实证结果表明约谈监管效果，为约谈监管政策制定提供经验证据。

1.2　研究内容、思路与方法

1.2.1　研究内容

本书考察注册会计师行业自律监管对会计师事务所审计的影响。拟以上市公司年报审计期间中注协约谈会计师事务所提示审计风险为研究对象，在梳理中注协监管上市公司年报审计的制度背景和约谈实践的基础上，运用管制经济学等理论分析约谈监管对事务所审计行为产生影响的作用机理，并实证检验中注协约谈事务所对审计过程和结果的影响，为我国上市公司年报审计风险防范提供参考。

1.2.2　研究思路和方法

本书的研究遵循理论分析—实证检验—研究结论的思路，在理论分析部分，利用文献分析和规范分析方法，运用管制经济学理论，结合我国上市公司年报审计监管约谈的实践，分析我国注册会计师行业监管为什么具备行业自律的作用，进而提出年报审计监管约谈影响会计师事务所审计决策的假说；在实证检验部分，利用2011～2019年上市公司年报审计约谈的数据，从审计决策的结果和过程两个方面构建不同的模型进行实证分析；在研究结论部分，通过归纳分析方法对实证结果的深入分析，解释出现相应结果的原因，形成本书的最终结论。本书的研究思路与方法如图1–1所示。

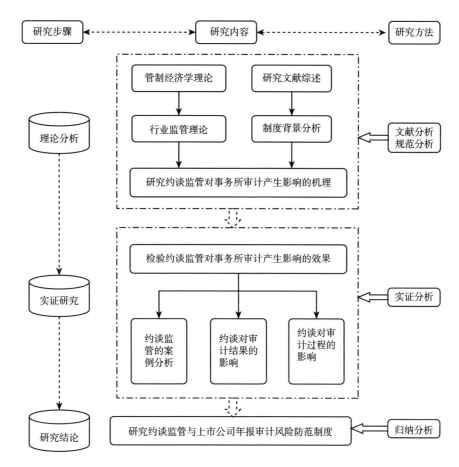

图 1-1　本书研究的思路框架

1.3　概念界定

　　本书主要的关键词"约谈",参考中国注册会计师协会印发的《注册会计师、资产评估行业谈话提醒制度(试行)》(2002 年)和《中国注册会计师协会上市公司年报审计监管工作规程(征求意见稿)》(2011 年)中的定义,指的是中国注册会计师协会对会计师事务所实施的谈话提醒工作。约谈工作的要点包括以下几个方面:在开展约谈工作之前,选定的约谈主题一般是以事务所审计风险的防范和化解为主线,及时反映和解决事务所在年报审计工作中遇到的重大问题；被约谈的对象一般是在深入分析上市公司公开信息，综合考虑媒体报道、公众举报、以往年度执业质量检查结果以及年报审计监管咨询专家意见的基础上确定；参加约谈的事务所人员有主任会计师、负责质量控制或技术的合伙人，以及执行上市公司年报审计业务的项目合伙人和签字注册会计师；约谈开始前，中注协一般向事务所发出上市公司年报审计监管约谈函，要求事务所在规定时间内向中注协提交有关约谈项目年报审计开展情况的说明；约谈结束后，中注协一般会继续跟踪约谈项目年报审计的后续开展情况，并要求事务所在约谈项目年报披露后的一定时间内，向中注协提交有关约谈项目年报审计情况的详细报告。

中注协作为注册会计师行业的协会组织，按照协会章程具有行业自律监管职能，此外，由于中注协约谈会计师事务所的时间是在上市公司年报审计期间，属于事中监管行为，对上市公司年报审计而言具有预防性质，因此，本书将中注协约谈上市公司年报审计事务所称为"预防性监管"。

1.4   研究贡献与不足

1.4.1   研究贡献

本书可能的研究贡献有以下三个方面。

一是弥补了会计监管方面的文献，已有的研究对会计监管主要是以事后处罚为主（朱春艳、伍利娜，2009；宋衍蘅，2011；王兵，等，2011；刘笑霞，2013；郑登津、武健，2021），而从事前或事中预防性监管角度的研究尚不多见（吴溪、杨育龙、张俊生，2014；黄益雄、董育军，2015；黄益雄、李长爱，2016）。近些年来，证券市场频频爆出财务舞弊或会计造假事件，给有关投资者带来巨大损失，严重影响了市场健康发展。市场监管方往往只能在舞弊事件发生之后，对相关参与者进行处罚，而且处罚前需要经过较长时间的调查取证，其监管严重滞后。因此，如何创新监管方式成为监管方亟待解决的重要现实问题。本书从事中约谈的角度，为创新监管方式提供了理论依据。

二是丰富了注册会计师行业监管的文献，已有的研究主要是 AICPA 的同业互查（Hilary & Lennox，2005；Casterella et al.，2009；Gunny & Zhang，2009；Anantharaman，2012），以及 PCAOB 的独立检查（Lennox & Pittman，2010；Daugherty et al.，2011；Landis et al.，2011；DeFond & Lennox，2011；Krishnan & Krishnan & Song，2016；Lamoreaux，2016；DeFond & Lennox，2017；Fung & Raman & Zhu，2017；Aobdia，2018；Acito & Hogan & Mergenthaler，2018；Johnson & Keune & Winchel，2019；Westermann & Cohen & Trompeter，2019；Johnson & Winchel，2019），而关于 CICPA 的行业协会自律监管研究鲜见。本书研究的中注协约谈，来自协会自上而下的监管，与 AICPA 的同业互查、来自同行业的平行监管或 PCAOB 的独立检查以及来自 SOX 授权成立且独立于 SEC 的准行政监管都不一样，属于注册会计师行业自律监管。

三是从被约谈会计师事务所的审计结果和审计过程，较全面地分析中注协约谈对审计决策的完整影响。以往的文献从被约谈事务所具体客户的角度研究中注协约谈的影响（吴溪、杨育龙、张俊生，2014），或者只关注约谈的结果（黄益雄、董育军，2015；侯晓靖、赵卫国，2021）。

1.4.2　研究不足

本书研究的局限主要有两个：一是中注协每次约谈会计师事务所都有具体的约谈主题，但有些约谈主题在审计风险量化方面无法较准确确定，故本书未就约谈提示的审计风险进行对应的量化处理，从而在一定程度上可能会影响约谈效果的检验。二是中注协最开始约谈的 2011 年上市公司年报审计事务所有 11 家，但未公布具体会计师事务所信息，以至于无法进行双重差分法（DID）分析，其可能在一定程度上影响研究结果的准确性。

第 2 章　文献综述

本书主要研究注册会计师行业监管对审计师决策的影响，因此，笔者主要分析注册会计师行业监管和审计师决策这两个方面的文献。

2.1　注册会计师行业监管的研究现状与分析

注册会计师行业监管主要有行业自律、政府监管和独立监管三种模式（谢德仁，2002）。一般认为，英国（1999 年前）与美国（2002 年前）的注册会计师行业监管模式归为以行业自律为主的管制方式，德国和日本的注册会计师监管模式归为政府管制方式，英国 1999 年后和美国 2002 年后归为以独立监管为主的管制模式（谢德仁，2001；裘宗舜、韩洪灵、聂新军，2002）。美国在"安然事件"后出台萨班斯法案（Sarbanes-Oxley Act，SOX），成立公众公司会计监督委员会（Public Company Accounting Oversight Board，PCAOB）监督注册会计师行业。当时，国内也出现了"银广夏事件"。于是，围绕如何改革和构建中国注册会计师行业监管模式，学者们进行了深入探讨。其中，有观点认为我国也应当建立独立监管模式。黄世忠、杜兴强和张胜芳（2002）建议由全国人大或国务院牵头，由人大法工委、财政部、经贸委、中国人民银行总行、证监会、审计署、国家税务总局等政府部门的有关领导组成的会计监察领导小组，对注册会计师行业实施独立监管。刘明辉和张宜霞（2002）提出可考虑增设由国务院授权，主要由独立的投资者代表、政府司法部门及高校会计学、经济学知名学者组成的公共监督管理委员会，对政府监管部门进行监督与协调。谢德仁（2002）认为，从逻辑上讲，选择独立监管模式无疑是最优的，从实践上看，只有将政府与市场的力量有机结合起来，将行业自律监管与政府监管有机结合起来，才能推进注册会计师行业的管理，而独立监管模式正是这种结合的代表。

也有观点认为我国不适合建立独立监管模式。刘永泽和陈艳（2002）提出建立一个以法律法规为准绳、以政府监管为主导、以行业自律为从属的监管模式。张连起（2003）认为我国注册会计师行业比较恰当的方式是混合型管理模式，以自律监管为先导，以行政管制为辅弼。李长爱（2004）认为我国实行了以财政部门为主导的政府监管和注协行业自律监管双重监管体制。章雁（2006）认为应建立政府主导兼行业自律的混合型监管模式。周箭和陈建春（2006）认为应建立政府行政监管、行业自律监管和法律监管协调发展的监管模式。陈钰星（2006）认为应建立以政府为主导、以独立监管为主、以行业自律为支撑的行业监管模式。张雪南、刘新琳、周兵（2007）认为注册会计师行业管理体制的路径选择应当是政府监管、行业自律的有机结合。曹文婷（2008）认为应完善法律法规体系及监管制度建设，突出政府监管的主导地位，加强注册会计师协会对会计师行业的制衡与管制。王红、李继志、石少华（2008）认为我国注册会计师行业应当遵循"法律规范，政府监管，行业自律"的基本监管思路，构建以政府监管同行业自律有机结合的行业监管模式。

除了上述有关我国注册会计师行业监管模式的构建研究之外，关于监管模式或监管手段的效率和效果方面，也有学者进行了深入的研究。尚兆燕（2008）采取调查问卷的形式，利用山东省财政厅对山东省会计师事务所的调查数据，对我国注册会计师行业监管的效率和效果进行了考察，调查结果为不同的监管机构和监管手段其效果存在明显差异。在监管手段中，制定完备的法律法规对执业质量效果最为明显；行业协会自律管理的效果次之；舆论监控对执业质量有一定的影响；而同业互查和民事惩戒制定的作用没有很好地发挥出来。汤小莉和冯均科（2009）对陕西省省内外会计师事务所进行调查，调查数据表明，我国注册会计师行业的监管体制不完善，由注册会计师协会进行自律管理条件尚不成熟；行业监管人员的数量不够，具有事务所管制经历的很少，监管素质不够；监管效率损失严重。陈小林等（2009）基于广东省注册会计师行业进行调查，调查数据表明，政府行政管理与协会自律管理界限不清，政府行政管理主体之间缺乏有机的权力分配与制衡机制，行政管理部门忽视了对协会的监督和指导，缺乏激励和培育事务所、注册会计师提供高质量审计服务的监管措施，缺乏有序的、需求高质量审计服务的外部市场。李晓慧和孙龙渊（2021）以＊ST新亿转聘深圳堂堂会计师事务所引起的监管问询风暴作为案例，讨论会计师事务所证券资格备案制下监管的变化：由事前静态监管转变为"动态监管"；实行"聚焦监管"，特别是对事务所执业能力、职业道德、赔偿能力和审计报告质量的实质监管；采用以重点风险事项引起监管者用问询函为主的"日常监管"模式，并动态持续性地发布"从事证券期货业务的会计师事务所经营的基本情况"，以期完善监管者对注册会计师实施问询函制度。

上述文献主要以规范研究方法为主。从实证研究方法的角度看，主要是关于政府或准政府组织对注册会计师行业的监管和行业自律监管的效果如何两个方面。

2.1.1 政府或准政府组织对注册会计师行业监管的效果

有文献从政府或准政府组织监管角度研究注册会计师行业监管。于李胜和王艳艳（2010）以中国的补充审计为背景，研究了政府管制对审计市场绩效的影响，结果发现在后管制时代，这些获得政府青睐、取得隐性的补充审计资格的会计师事务所（Q15）可以借助政府的力量获取租金，具体表现为：审计质量较补充审计制度实施前显著下降，审计收费却显著上升。进一步的研究结果显示，由于这15家事务所的审计质量的下降，导致它们的信息功能下降。同时，作为理性的企业，虽然在首次公开募股（Initial Public Offering，IPO）时为了迎合政府的管制政策会选择Q15，但由于Q15收费较高，信息功能却显著下降，因此，企业在IPO之后会向非15大变更。龚启辉、李琦、吴联生（2011）研究了政府控制对审计质量的影响，发现国有企业和本地会计师事务所审计的公司的盈余管理水平较低，而较低的盈余管理水平能够降低审计师出具非标意见的概率；同时，国有企业在控制了盈余管理水平的情况下，其得到非标意见的概率相对要低。研究结果表明，政府控制对审计质量的影响具有双重性：一方面，政府控制增强了会计师事务所的"本土知识"优势和抵御公司压力的能力，进而提高了公司报表质量；另一方面，政府控制依据它对审计市场的控制降低了出具非标意见的概率，损害了审计质量。王爱国和尚兆燕（2010）通过对我国资本市场上市公司数据的研究表明，随着法律惩戒力度增强，审计意见和审计行为存在明显的变通可能性，注册会计师会更多地出具非标准审计意见类型的审计报告。这意味着，法律惩戒对审计意见类型具有重要影响，是注册会计师做出审计判断时考虑的一个重要因素。刘笑霞（2013）利用中国证监会 2008～2010 年做出的关于会计师事务所的行政处罚决定，采用配对的方法，实证考察了审计师行政惩戒对审计定价的影响，结果发现，就受到证监会处罚的事务所而言，事务所在受处罚后，其审计收费显著高于受处罚前；与未受处罚事务所相比，受处罚事务所在受罚前后审计费用的提高幅度显著更高。进一步研究表明，审计师受处罚后，其客户操控性应计的绝对值确实显著下降。这表明，审计师在受处罚后可能会提高其努力程度以提高审计质量、重塑声誉，这将会提高审计成本并导致审计收费的相应提高。研究还发现，若上市公司客户所在地区法律环境好，则审计师受处罚后审计定价有显著提升，而在法律环境差的地区，审计师受处罚后审计定价并不会显著提高。刘笑霞和李明辉（2013）以 2008～2010 年中国证监会针对会计师事务所的处罚案为对象，以操控性应计的绝对值作为审计质量的替代变量，采用配对的方法，考察行政处罚对审计质量的影响。研究结果发现，在受到处罚后，受罚事务所客户的操控性应计的绝对值会显著下降，且显著低于未受罚事务所的客户，表明行政处罚有助于促使相关事务所提高审计质量，因而是有效的；在处罚前年份，对受罚事务所的客户而言，其操控性应计的绝对值显著高于配对样本，表明受处罚的事务所的审计质量确实较低，因此，证监会的处罚制度是适当的。研究还发现，上市公司所在地区的法治环境并不会影响行政处罚的有效性。李晓慧、曹强、孙龙渊（2016）以 1999～2014 年受证监会处罚的 25 家事务所为研究对象，考察审计声誉毁损是否以及如何影响事务所客户组合的变动，研究发现与未受处罚的事务所相比，事务所遭受证监会行政处罚后，其接受新客户的能力下降，且更有可能接受财务报表质量较差的客户。进一步研究发现，虽然会计师事务所试图通过更名修复受损的声誉，但这种带有投机色彩的方法无法有效地改善其接受新客户的能力。余玉苗和高艳艳（2016）在签字注册会计师层面研究低质量审计的发生原因时发现，审计失败被发现前，与同所未受罚签字注册会计师相比，受到证监会处罚的签字注册会计师的审计质量持续较低。李莫愁（2017）以 2000～2014 年我国证监会对会计师事务所和注册会计师的处罚公告为样本，首次考察了各项具体审计准则与审计失败之间的关系。研究发现，在所有的审计失败案例中，"审计证据""函证"两个具体审计准则被触犯的频次最多，"关联方及其交易""业务质量控制""分析程序""关联方""会计报表审计""针对评估的重大错报风险实施的程序""财务报表审计中对舞弊的考虑""审计报告""审计工作底稿"等审计准则被触犯的频次也相对较多。杨金凤、陈智、吴霞、孙维章（2018）利用证监会2009~2015年的行政处罚决定，考察了行政处罚对事务所内部不同注册会计师产生的惩戒效果，研究发现被惩戒以后，与未受罚的注册会计师相比，受罚注册会计师及其同组同事和同所同事的审计质量均有所提升。但随着与受罚注册会计师密切程度的降低，同组同事和同所同事审计质量的提升程度依次减弱，表明惩戒呈现出波纹式递减的溢出效应。进一步分析表明，同组同事的惩戒效应受到与受罚注册会计师的合作深度和惩戒延迟的影响。同时，事务所在受到处罚后会重新分配上市公司的审计业务，受罚注册会计师的签字数量减少甚至不再签字。本书研究能给注册会计师执业带来警示和启发，反映了"正义也许会迟到，但不会缺席"，注册会计师勤勉尽职成为最优选择。朱松和柯晓莉（2018）基于证监会行政处罚公告，对受罚事务所与上市公司客户进行配对，研究了处罚公告对受罚事务所与未受罚事务所声誉及审计质量的影响，研究发现，受罚事务所在处罚公告后进行了声誉重塑行为，审计质量得到改善；未受罚事务所在处罚公告后保持原有审计标准，公告前后审计质量无显著变化。而处罚公告后，受罚事务所的审计质量显著高于未受罚事务所，表明证监会的监管改善了行业的审计质量。该文为证监会行政处罚的有效性提供了更多的经验证据，并证实了声誉机制对注册会计师的约束作用。时现和金正昊（2019）以2009~2017年受到证监会行政处罚的会计师事务所为研究样本，采用固定效应模型来分析审计师处罚对审计质量的影响，研究发现，证监会在加大处罚力度之后，受到行政处罚的会计师事务所的审计质量明显提高了，同时还发现证监会处罚对正向盈余管理行为影响较大，对负向盈余管理行为影响较小，这些结果表明我国审计市场中声誉机制和处罚机制已能发挥重要影响。郑登津和武健（2021）检验财政部会计信息质量检查对会计师事务所审计质量的影响。他们的研究结果发现，对会计师事务所进行会计信息质量检查的当年，会计师事务所审计的客户层面的盈余管理程度明显下降，会计师事务所层面的审计质量也显著提高。进一步，相对于其他被查会计师事务所，被查会计师事务所为前十大会计师事务所、会计师事务所总所被稽查、被检查时涉及具体审计客户时，会计师事务所的审计质量提高得更加明显。

　　但吴溪（2008）以 2003～2005 年的监管处罚案件进行经验分析，发现与师所并罚的方式相比，重师轻所的做法并未对涉案会计师事务所的质量控制体系作出明确警示和惩戒，从而置身于该体系中的事务所负责人（主要施为主体）以及其他未受罚注册会计师（主要承责主体）的审计行为更不可能受到警示和震慑。王兵等（2011）以被证监会处罚的会计师事务所为样本，分别从事务所和注册会计师个人两个层面检验了行政处罚对审计质量的影响，发现受罚事务所或注册会计师所审计客户的操控性应计利润没有显著降低，会计盈余稳健性也没有显著提高，并且行政处罚力度的差异对操控性应计利润和会计盈余稳健性也无显著影响。李莫愁和任婧（2017）以 2001～2013 年被中国证监会实施行政处罚的会计师事务所为研究对象，从审计意见和审计收费两个角度考察了行政处罚的纠错功能。研究发现，相对未被处罚的会计师事务所控制组而言，被处罚的会计师事务所在遭受处罚后出具非标准无保留审计意见的概率并未显著提高，同时市场也未对遭受行政处罚的会计师事务所给予审计收费上的惩罚。研究表明，在样本期间内，行政处罚不具有显著的纠错功能，这可能是因为行政处罚的力度"不痛不痒"。

　　SOX 法案第 104 条赋予 PCAOB 检查所有注册的会计师事务所的审计业绩、审计报告的发布以及涉及发行人的相关事宜。如果一家注册公司在某一年提供超过 100 份发行人审计报告，PCAOB 必须至少每年对其进行检查；所有其他发行人审计员每三年接受一次检查。在检查期间，PCAOB 定期评估会计师事务所的工作质量，并检查其做法、政策和程序。德丰（DeFond，2010）认为研究检查的结果很重要，因为 PCAOB 的检查可能会影响审计人员的动机，并且检查是美国审计行业向准政府组织监管转变的一个重要特征，此外，这是从传统的美国会计师公会同业互查转为 PCAOB 检查的新变化。

　　赫曼森等（Hermanson et al.，2007）统计 PCAOB 检查发现的缺陷和趋势，截至 2006 年 7 月，调查了 316 家小型会计师事务所（即拥有 100 家或以下发行人客户的事务所）的检查报告，记录 60% 的被检查的小型事务所有审计缺陷，每份报告大约有 1.6 个缺陷，并且有很高的（70%）未纠正的（公开的）质量控制批评的发生率。格洛弗等（Glover et al.，2009）对检查过程的有效性也有类似的担忧，他们特别指出，检查过程存在缺陷的原因是有公众无法轻易区分的琐碎和重大的检查问题，以及检查过程提供的不及时反馈。伦诺克斯和皮特曼（Lennox & Pittman，2010）对 2007 年发布的 545 份检查报告进行了检测，但没有发现 PCAOB 发现的缺陷与客户选择审计事务所的随后变化之间存在关联。他们认为，由于 PCAOB 检查员公开披露的信息不足，在 PCAOB 检查制度下，人们对审计公司质量的了解比在 AICPA 同行审查制度下要少。

多尔蒂等（Daugherty et al.，2011）在分析了 748 份每三年检查一次的公司的检查报告后，发现每三年检查一次的有 PCAOB 确认缺陷的 22 家公司更有可能被他们的客户非自愿地解雇。而解雇每三年接受一次检查的审计师的公司，更有可能聘用每三年接受一次检查的、PCAOB 没有发现任何缺陷的公司。因此，他们认为，对于每三年接受一次检查的审计人员来说，PCAOB 所确定的缺陷可能代价高昂。同样，兰迪斯等（Landis et al.，2011）研究 2005~2008 年 339 份每三年检查一次的审计报告，其中包含审计缺陷，有 1015 个审计缺陷。他们根据审计失败的领域和类型对每个审计缺陷进行了分类。大多数缺陷被归类为账户缺陷，这导致与某些账户有关的程序不充分。关于审计失败的类型，近 90% 的检查缺陷是由于审计人员的测试或文件不充分。他们还指出，PCAOB 发现的缺陷数量在他们样本的前两年（2005 年和 2006 年分别为 287 个和 379 个缺陷）高于样本的后两年（2007 年和 2008 年分别为 149 个和 200 个缺陷），这表明，由于 PCAOB 的检查程序，审计质量已得到改善。

格拉姆林等（Gramling et al.，2011）研究了 PCAOB 识别的审计缺陷是否与每三年检查一次的审计事务所发布持续经营意见的变化相关。他们研究检查报告与 2004~2006 年 407 家每三年接受一次检查事务所的持续经营意见之间的关系，发现在收到包含 PCAOB 发现的缺陷检查报告后，事务所更有可能发布持续经营意见。他们认为，这种行为变化要么是在 PCAOB 的检查之后，事务所"勇敢面对客户"并在重要报告问题上"强硬"的意愿增加了，要么是报告决策能力提高了。同样，加塞罗等（Carcello et al.，2011）在审计事务所的前两个检查年（2004~2005 年）之后，对四大客户的异常应计收益进行了检验。他们发现，在第一次 PCAOB 检查后一年，异常应计利润显著减少，在第二次 PCAOB 检查后一年，异常应计利润进一步减少。德丰和伦诺克斯（DeFond & Lennox，2011）检验那些退出美国证券交易委员会注册要求

的小规模事务所客户，发现继任事务所提高了这些客户的审计质量，并认为
PCAOB 是通过迫使低质量的事务所退出审计市场而提高审计质量。

盖尼和张（Gunny & Zhang，2012）使用了审计质量的三种衡量标准（异
常应计利润项目、重述和出具持续经营意见的倾向），并检验 PCAOB 在 2005 ~
2009 年 527 份检查报告中发现的缺陷与审计质量之间的联系，发现每三年检
查一次的审计师收到有缺陷或严重缺陷报告的客户，与显著较高的异常流动
应计项目相关，而收到严重缺陷报告的审计师的客户，与更大的重述倾向相
关。丘奇和舍夫契克（Church & Shefchik，2012）对大型会计师事务所（即
拥有 100 多家公共客户的事务所）2009 年的检查结果进行了描述性统计，发
现大公司在每份报告中平均有 14 个审计缺陷，而且 100% 的大公司每年都收
到审计缺陷和质量控制批评。然而，在样本期间，没有一个质量控制批评需
要公开披露，因为公司在报告后的 12 个月内在处理批评方面取得了合理的进
展。PCAOB 发现的审计缺陷的数量和严重程度（例如，导致误报的情况）随
着时间的推移显著下降。然而，最近关于 PCAOB 检查的报告指出，PCAOB
发现的审计缺陷再次上升。阿南塔拉曼（Anantharaman，2012）直接比较同
一组公司的自我监管（即同业互查）和法定监管（即 PCAOB 检查）的结果，
发现选择自己的同行评议者的公司往往得到的同行评议意见比它们随后的
PCAOB 报告更有利，这表明一些公司获得了"友好"的评议。然而，具有行
业知识的审查人不太可能给出有利的评论，而来自同一地理区域的审查人可
能给出的同行评议比随后的 PCAOB 报告更负面。

毕肖普等（Bishop et al.，2013）研究在 2012 年初审查 175 份首次审查
报告和 56 份二次审查报告，发现超过 1/2 的检查报告发现了审计缺陷，2/3
的报告提到了质量控制缺陷。此外，具有 PCAOB 识别缺陷的公司规模较小，
但比没有 PCAOB 识别缺陷的公司拥有更多的发行人客户；四大公司的附属公
司存在审计缺陷的可能性较小；PCAOB 是否单独或与当地监管机构合作对检
查结果没有影响。

审计质量（以应计利润项目质量或持续经营意见的发布来衡量）对于接
受 PCAOB 检查的审计事务所的客户来说更高（Krishnan，Krishnan & Song，
2016；Lamoreaux，2016；Fung & Raman & Zhu，2017）。德丰和伦诺克斯
（DeFond & Lennox，2017）在针对 PCAOB 审查的检查中发现，当与 PCAOB
内部控制相关的检查发现水平较高时，审计公司会提高其内部控制审计的质

量。奥比亚（Aobdia，2018）使用保密的 PCAOB 检查数据，检验检查过程对已检查业务和未检查业务的影响。他发现有证据表明，当审计机构发现审计业务存在缺陷时，审计人员增加了受检查业务和未受检查业务的审计时间。类似地，阿西托、霍根和默根瑟勒（Acito & Hogan & Mergenthaler，2018）提供了证据，表明审计师通过增加审计努力（由审计费用代理），对暴露于被认定为有缺陷领域的客户作出回应，以应对 PCAOB 检查过程中发现的审计缺陷。

汉隆和什罗夫（Hanlon & Shroff，2019）对来自世界各地的审计公共监督委员会的检查人员进行调查，结果表明检查人员确实通过改变审计程序来应对独立监督，主要是因为监督委员会拥有权力和执行权力。然而，审计事务所的回应是否一定会带来更高的审计质量还不清楚。如果监管机构的权力被认为很大，但信任度很低，那么审计人员可能只是在遵守监管机构的规定时"勾选复选框"，而不是更加合作地提高审计质量（Johnson & Keune & Winchel，2019）。来自美国审计机构的调查证据表明，审计机构认为 PCAOB 具有强制力。因此，这些公司往往出于担心处罚而遵守 PCAOB 的规定，而不是相信审计质量将通过其行为得到改善（Johnson & Keune & Winchel，2019；Westermann & Cohen & Trompeter，2019）。尽管人们普遍认为，PCAOB 成立后，审计质量有所提高，但审计合作伙伴提出了检查报告和发现是否真正反映审计质量的问题（Johnson & Keune & Winchel，2019；Westermann & Cohen & Trompeter，2019）。格洛弗、普拉维特和泰勒（Glover & Prawitt & Taylor，2009）还强调了 PCAOB 的检查结果可能并不能通过引用现场检查人员的具体例子真正表明审计质量较差的担忧，未能理解审计软件收入确认的适当程序，以及未能理解 PCAOB 审计标准的应用。

2.1.2　注册会计师行业自律监管的效果

关于注册会计师行业自律监管的研究，大量研究发现行业监管有效。华莱士（Wallace，1991）分析同行评议结果是否受评议者独立于被评议的审计公司的程度影响的人。独立性得以运作，将审查者分为三大类：AICPA 指定的审查团队、公司对公司的安排或协会发起的审查团队。由于没有发现评审员类型与同行评审结果之间存在显著关系，因此，其研究得出结论，同行评审提供了有效且合理的结果。希拉里和伦诺克斯（Hilary & Lennox，2005）检验同业互查报告的市场反应，结果发现收到无需改进意见的事务所仍能保持其客户，而那些收到需要改进或否定意见的事务所却丢失了其客户，事务所审计客户的变化与其检查报告的缺陷意见显著相关。结果表明同业互查的缺陷报告将引起事务所客户发生变化。卡斯特雷拉等（Casterella et al.，2009）检验同业互查对审计质量的影响，发现同业互查结果能够预测审计失败，且与事务所潜在的质量控制缺陷或业务风险显著相关，认为由美国注册会计师协会实施的同业互查结果能够体现事务所审计质量。阿南塔拉曼（Anantharaman，2012）提供了证据表明，如果审查公司是被审查公司的直接竞争对手，则审查公司更有可能发表不利意见，因此，两家公司之间的本地距离可以作为竞争的代表。与由 AICPA 组成的评审小组评审的公司相比，选择评审员的公司更有可能获得更有利的同行评审。此外，研究表明，经验丰富的评审员比经验不足的评审员更有可能发表不利的评审报告。

赵子夜（2012）以 2002 年前后中注协向财政部和证监会申请收回 5 家会计师事务所从业许可证的"从业权取缔"监管事件为样本，研究发现取缔监管对客户产生了警示溢酬，而且警示溢酬促进了审计费用和客户风险的关联。吴溪等（2014）基于 2011～2013 年的约谈数据，研究发现与控制样本相比，在约谈中被作为风险提示对象的上市公司最终公布的年度业绩显著低于管理层在年报公布前作出的盈利预测，结果表明被约谈审计师对受到风险提示的客户实施了更加稳健的审计。张俊民和刘雨杰（2015）研究会计师事务所执业质量检查制度和新业务扩展制度的变迁在一定程度上促进了事务所审计师声誉（用中注协每年对会计师事务所的综合评价得分来衡量）。刘文军（2016）针对中国注册会计师协会对具有证券资格的会计师事务所进行执业质量检查，研究其能否提高会计师事务所的审计质量。他以操纵性应计利润作为审计质量的度量指标，研究发现会计师事务所在中注协执业质量检查后客户的操纵性应计利润显著降低，表明执业质量检查提高了会计师事务所的审计质量。进一步研究发现中注协执业质量检查对审计质量的影响集中在非"四大"会计师事务所；中注协执业质量检查不会影响检查中有注册会计师被惩戒的事务所客户的操纵性应计利润，但会让这些事务所变得更为谨慎，表现在未来更可能对客户出具非标准审计意见。博泽和阿基拉（Hirose & Akira，2016）通过实验研究发现，审计人员要想提高审计质量，除了要自律机制之外，还需要自我净化机制。陈运森、邓祎璐、李哲（2018）以交易所发放的财务报告问询函为研究对象，检验了非行政处罚性监管对审计质量的改进作用，结果发现，上市公司在收到问询函后的年份被出具非标准审计意见的概率提高，且不同问询函特征对审计质量的影响程度不同：当问询函需要会计师事务所等中介机构发表核查意见，涉及内部控制、风险和诉讼等内容以及问题数量较多或公司延期回函时，审计质量提高的程度更大；问询函对审计质量的改进作用还受到产权性质和政治关联的显著影响。此外，企业在收到问询函后事务所要求的审计费用提高。高宇辰、赵敏、莫冬燕（2021）利用 2011~2017 年沪深两市 A 股上市公司数据，研究会计师事务所执业质量检查对审计师决策的影响。他们研究发现，会计师事务所在接受执业质量检查后显著地提高了审计费用与非标准审计意见出具的可能性。进一步研究发现，被检查但未被惩戒与被检查且被惩戒的会计师事务所分别作出提高审计收费和出具非标审计意见的审计决策。其结果表明行业自律监管对会计师事务所起到了警示作用，会计师事务所根据所观测到的监管风险不同而进行差异化的审计风险决策。

但是，也有许多文献认为行业自律监管无效。华莱士和克雷文斯（Wallace & Cravens, 1994）指出，同业互查中很少有会计师事务所被识别出有缺陷。福格蒂（Fogarty, 1996）发现大多数审计失败的事务所却通过了同业互查，并认为美国注册会计师协会同业互查程序无效的原因是该程序只是形式上的，制定的检查程序只是在维护行业的形象而不是提高审计质量，而且检查只集中在质量控制程序和审计过程的记录文件，而不是适当的审计决策和实际的审计质量。希普（Hepp, 2002）认为自律性并不能总是确保高质量的原因是，在遵守职业规则时，审计师们都希望由其他的审计师负担成本。此外，行业协会不具有签发传票及与警察类似的调查能力，也可能不愿意对缴纳高额会费的大事务所采取行动，因此，自律性的努力难奏效。德丰和弗兰西斯（DeFond & Francis, 2005）分析美国审计行业由自律监管改为 PCAOB 监管的决定性事件是 2001 年 12 月同业互查中，德勤事务所为安达信事务所出具"干净"的同业互查报告后的几周内，安达信事务所承认他们已将有关安然公司的审计工作底稿粉碎了。于是，整个审计行业的可信性以及行业自我监管程序的诚实性和可靠性立即遭受到空前的怀疑。格吕梅（Grumet, 2005）和阿南塔拉曼（Anantharaman, 2007）都认为美国注册会计师协会同业互查不能取得效果的原因是检查者与被检查者之间缺少基本的独立性。盖尼和张（Gunny & Zhang，2009）发现同行评审意见与公司客户的盈余质量无关。

2.2　审计师决策的研究现状与分析

实务中，审计师决策是主要对审计风险的决策，在事务所风险偏好的基础上，确定可以接受的审计风险，并确定审计的重要性水平进行审计判断和决策。审计师在初步评估客户的审计风险后，会先进行成本收益分析，然后做出相应的决策。已有的文献对审计师决策主要集中在三个方面：审计收费、审计质量和客户组合。

第一个是审计收费决策。当审计风险增加时，包含在审计成本中的预期增加风险补偿部分随之增加。这些增加的成本将会通过调整审计收费来弥补。审计收费决策受到的影响因素十分广泛。西穆内克（Simunic，1980）首次提出了审计收费模型，认为审计费用取决于会计师事务所投入的审计资源、风险溢价和事务所利润。现有关于审计收费影响因素的研究主要集中在公司高管特质、内部治理特征和外部政策制度等方面。其中，在外部政策制度方面，已有研究文献发现卖空机制、经济政策不确定性和沪深港通交易制度等会影响公司的审计费用。褚剑和方军雄（2017）考察审计师在审计决策时是否以及如何使用客户股价崩盘风险，研究发现，公司股价崩盘风险越高，审计师收取的审计费用越高，表明审计师在做出审计决策时的确考虑股价崩盘风险信息；而且公司股价崩盘风险与审计费用的正向关系在公司为国企、未完成股权分置改革、审计师规模较大以及公司所处地区市场化程度较高时更显著。进一步研究发现，公司股价崩盘风险越高，审计师花费的审计时间越长，这表明公司股价崩盘导致增加的审计费用包含了对审计努力的价格补偿。张子余（2017）考察企业最重要的 ERP 类 IT 投资与外部审计决策之间的关系，对 361 家 IT 投资企业与配对样本进行研究发现，企业 IT 投资后被出具清洁审计意见的概率没有显著变化，企业 IT 投资后的内控有效性水平无显著变化，但 IT 投资使企业外部审计费用显著提高。这表明我国上市公司 IT 投资对外部审计决策的影响机理在于，当 IT 投资改变审计环境后，审计师面临的重大错报风险与会计盈余信息质量无显著变化。因此，在 IT 审计环境下审计师出具的审计意见类型无显著变化；审计收费提高不是由重大错报风险变化引起的，而是由于追加审计程序与学习成本提高导致审计效率降低造成的。褚剑、秦璇、方军雄（2018）研究发现经济政策不确定性越高，审计师收取的审计费用越高，而公司经营风险和代理成本的上升是导致上述效应的重要渠道。周冬华、方瑄、黄文德（2018）研究了沪港通政策实施对审计需求和审计质量的影响，结果发现"沪港通"政策的实施显著提高了标的公司的审计需求，表现为聘请高质量的会计师事务所、支付更高的审计费用。米莉、黄婧、何丽娜（2019）以 2015～2017 年的沪深 A 股上市公司为样本，探究了交易所问询监管对审计收费的影响，研究发现收到交易所问询函的上市公司其审计费用显著高于未收到问询函的公司。进一步研究发现，上市公司一段时间内被频繁质询，审计师会对其收取更高的审计费用；特别是收到与会计信息相关的问询函时，审计费用增加更为显著。王靖懿、夏常源、傅代国（2019）考察放松卖空管制对控股股东股权质押与公司审计费用关系的作用，研究发现，放松卖空管制之后，控股股东股权质押的上市公司审计费用会显著减少；控股股东股权质押的规模越大，审计费用的减少越明显。王嘉鑫和张龙平（2020）考察管理层语调操纵对审计决策的影响。研究发现，当年报文本信息存在异常积极的语调时，审计师为弥补风险溢价会增加审计收费，且上述关系仅在民营企业和信息不对称程度较高的企业中显著；事务所行业专长及其品牌知名度会进一步强化异常语调与审计费用之间的正相关性；当文本信息存在异常积极的语调时，审计师会提高审计质量，以降低审计风险，且这一关系仅在高审计费用溢价的企业中显著。进一步影响机制检验发现，审计师会关注管理层语调操纵行为，并识别出其背后潜在的经营风险问题，出于职业谨慎的考虑，审计师会通过增加审计投入将审计风险降低至可接受的水平。

第二个是审计质量决策。为了保护自身利益，审计师需要在提高发现财务报表重大错报上付出更多的努力，或更独立地指出客户财务报表的问题，从而避免被指控未尽审计准则要求。当审计风险增加时，具体表现为追加审计程序或调整审计计划来降低审计风险，或者增加对高风险客户出具非标准审计意见的概率（Krishnan et al.，1996）。审计质量决策一般由客户风险特征和审计师专业胜任能力及独立性决定。而已有研究发现客户风险特征为财务风险、经营风险、盈余管理程度和客户公司的外部环境。王爱国和尚兆燕（2010）研究认为，随着法律惩戒力度增强，审计意见和审计行为存在明显的变通可能性，注册会计师会更多地出具非标准审计意见类型的审计报告。余玉苗、张建平、梁红玉（2013）考察媒体监督对审计师行为的影响，以2001~2009 年中国 A 股上市公司为样本，对媒体监督是否影响以及如何影响审计师的意见决策进行实证考察，结果发现媒体对上市公司负面报道越多，审计师对其发表非标准审计意见的概率越大；国际"四大"会计师事务所的声誉机制并不能加强这一结论；当年财经媒体对上市公司负面报道越多，审计师改善次年审计意见类型的概率越高。吕敏康和刘拯（2015）研究了投资者关注与审计意见发表概率之间的关系，结果发现投资者对上市公司的关注度越高，上市公司被出具"非标准"审计意见的概率越大。周兰和耀友福（2015）采用可操控性应计利润和会计稳健性作为审计质量衡量指标，研究媒体负面报道对审计质量的作用，媒体负面报道与审计质量呈正相关。郑军、林钟高、彭琳（2017）考察公司大客户依赖性对审计师风险决策的影响，研究发现公司对大客户的依赖性显著提高了审计师发表非标审计意见的概率，相对于发表标准审计意见而言，审计师在发表非标审计意见的同时也收取了更高的审计费用；进一步研究发现，与本地审计师相比，异地审计师的上述倾向表现得更为明显。罗棪心和伍利娜（2018）研究了资本市场开放对公司审计的影响，发现在公司成为"陆港通"标的后，其审计质量和审计收费都有显著上升。孙洪锋和刘嫦（2019）考察企业金融资产配置对审计师风险决策的影响，研究发现，企业金融化程度越高，审计师出具非标准审计意见的概率越大，审计收费也越高，该结论经过一系列稳健性检验依旧成立，说明审计师能够充分识别企业金融化过程中存在的审计风险，并做出相应的风险控制措施以减少未来可能承担的风险和损失。进一步分析发现，企业金融化对审计意见的影响在非国有企业、公司治理水平较差企业更显著，而对审计收费的影响在上述企业并无明显差异，表明企业金融化增加了公司的业务复杂度和审计师的审计难度，审计师在审计收费方面不会因为客户的产权性质和公司治理水平而区别对待。邱穆青、刘晨、王俊秋（2020）分析了企业投融资期限错配对审计师决策的影响，研究发现期限错配越严重的企业，越有可能被审计师出具非标准审计意见或持续经营非标准审计意见，民营企业和聘请"四大"会计师事务所审计的企业更是如此。作用机制检验表明，期限错配蕴含着较大的流动性风险，导致企业的审计风险增加，会计师事务所会选派更有经验的审计师进行审计，其会投入更多的审计时间，收取更高的审计费用。

第三个是客户组合决策。由于审计市场的激烈竞争，使高质量审计师不可能无限度地提高审计收费来弥补预期增加的各种成本。如果审计师认为这些风险不能通过出具非标准审计意见来规避，那么为了降低诉讼风险，审计师就不得不策略性地改变自己的客户组合，选择低风险的客户群，放弃高风险的客户。王百强和伍利娜（2017）研究企业战略差异度对审计决策的影响，研究发现企业战略越偏离行业常规战略，审计师在为其提供审计服务时就越谨慎，表现为更加严格的审计意见和更高的审计收费，说明审计师会关注企业的差异化战略带来的审计风险。进一步的研究发现，在国有企业中，战略差异度对审计收费的影响程度小于非国有企业；在 2007 年实施新审计准则、新会计准则及新的诉讼法规之后，战略差异度对审计意见和审计收费的影响程度大于上述制度背景改善之前。上述结果表明，战略差异度给国有企业带来的审计风险低于非国有企业，而制度环境的改善增加了审计师对客户风险的关注程度。胡定杰和谢军（2021）以 2014～2019 年我国沪深两市 A股上市公司年报及问询函数据为样本，研究发现年报问询函与审计师辞聘存在显著正相关关系，相较于国有企业，收到问询函的非国有企业更容易发生审计师辞聘。沈萍和景瑞（2021）利用我国 A 股上市公司 2015～2019 年数据，研究发现公司收到交易所年报问询函后更易发生审计师变更。他们进一步从审计供给方与审计需求方两个角度对审计师变更进行深层次分析，发现年报问询函监管机制更易导致公司辞退不具备行业专长的审计师，风险较大的公司收函后更可能发生审计师变更。此外，他们对年报问询函进行异质性分析发现，年报问询函包含的问题数量多以及年报问询函需要会计师事务所发表核查意见，审计师变更的可能性更高。

2.3 文献评析

首先，上述有关注册会计师行业监管的研究，大多数是构建监管模式或提出监管制度设计，而有关不同监管模式或制度效果如何的实证检验尚不多见。从上述文献回顾可以看出，对我国注册会计师行业监管的研究，主要是以政府或准政府组织监管的视角居多，而从行业自律角度的文献相对较少。本书认为一个国家的注册会计师行业监管模式与这个国家的行业发展阶段息息相关。我国注册会计师行业恢复重建时间不长，但发展很快，且在此过程中行业自律发展发挥着关键的作用。所以，从行业自律角度研究我国注册会计师行业监管问题，对已有研究是一个重要的补充和丰富。

其次，已有文献主要研究注册会计师审计监管的事后处罚，而缺乏对注册会计师审计事前或事中监管的考察。本书将分析检验中注协在上市公司年报审计期间约谈会计师事务所监管的实施效果，由于该约谈监管发生在事务所审计上市公司年报的过程中，对被约谈事务所而言，可能会关注自身的审计风险，进而改变年报审计行为，从而影响年报审计结果。尽管有学者（吴溪、杨育龙、张俊生，2014）已经研究了中注协约谈监管的效果，但他们研究的是被约谈事务所审计的特定上市公司与被约谈事务所审计的其他类似审计风险公司的当期盈利预测的差异，而本书研究的是被约谈事务所审计的所有上市公司和未被约谈事务所在审计过程与结果方面的差异，即分析对象和内容明显不同，其意义更具有一般性。

最后，已有的注册会计师协会约谈监管相关研究成果，结论尚未统一。可能的原因是约谈数据年份较少，结果不稳定。本书基于约谈公布以来的 8 年数据，以期解决数据相对偏少的问题。

第3章 中注协约谈上市公司年报审计的监管制度和现状分析

3.1 中注协约谈上市公司年报审计监管的相关制度

1980 年，我国注册会计师制度恢复重建。1988 年，中国注册会计师协会（以下简称中注协）成立。中注协是在财政部领导下开展注册会计师行业管理和服务的法定组织，依据《注册会计师法》和《社会团体登记管理条例》的有关规定设立，承担着《注册会计师法》赋予的职能和协会章程规定的职能。其主要职责有：审批和管理本会会员，指导地方注册会计师协会办理注册会计师注册；拟订注册会计师执业准则、规则，监督、检查实施情况；组织对注册会计师的任职资格、注册会计师和会计师事务所的执业情况进行年度检查；制定行业自律管理规范，对会员违反相关法律法规和行业管理规范的行为予以惩戒；等等。

2002 年，中注协印发《注册会计师、资产评估行业谈话提醒制度（试行）》。该制度规定，在日常监管工作中若发现注册会计师事务所及其从业人员在执业过程中涉嫌违反法律、法规，或涉嫌违反《中国注册会计师独立审计准则》《中国注册会计师质量控制基本准则》《中国注册会计师职业道德基本准则》等规定，中注协和各地方注协应当约请事务所、机构的负责人和相关注册会计师进行谈话提醒。通过谈话，发现谈话对象存在情节轻微的违规执业行为，但不构成行政处罚的，谈话约请部门应予以严肃训诫并要求整改，整改情况应当限期向谈话约请部门报告。如发现谈话对象存在违法违规行为，应予以进一步做出调查处理的，谈话约请部门应依法转交有关部门调查处理。

该制度还规定，注册会计师在一年内，因存在情节轻微的违规执业但不构成行政处罚而被谈话提醒累计达 3 次以上，并被口头警告的，将不能通过年检。

2009 年，中注协发布《关于做好上市公司 2009 年度财务报表审计工作的通知》。该通知对上市公司 2009 年度财务报表审计情况进行跟踪，对年报监管过程中发现的不严格遵循准则的会计师事务所和注册会计师予以重点关注。

2011 年，中注协在总结年报审计监管实践的基础上，制定了《中国注册会计师协会上市公司年报审计监管工作规程》。该规程指出，年报审计监管，是指中注协对会计师事务所（简称事务所）执行的上市公司年报审计业务实施的全程监控，包括事前、事中和事后三个环节。在每年的上市公司年报披露开始前，中注协业务监管部组建年报审计监管专家咨询组。咨询组主要由来自事务所和地方协会的专家组成，其主要职责是，协助中注协分析上市公司年报，甄别事务所的高风险客户；分析事务所可能存在的重大风险领域，并提出防范对策与建议。在上市公司年报审计期间，适时启动年报审计监管约谈机制，就上市公司年报审计业务可能存在的风险向被约谈事务所作出提示。参加约谈的事务所人员包括：主任会计师、负责质量控制或技术的合伙人，以及执行上市公司年报审计业务的项目合伙人和签字注册会计师。约谈开始前，应当向事务所发出上市公司年报审计监管约谈函，要求事务所在规定时间内向中注协提交有关约谈项目年报审计开展情况的说明。约谈结束后，应当继续跟踪约谈项目年报审计的后续开展情况，并要求事务所在约谈项目年报披露后的一定时间内，向中注协提交有关约谈项目年报审计情况的详细报告。

2011 年，中注协发布《上市公司年报审计监管工作规程》后，每年都下发了关于做好上市公司年报审计工作方面的通知。通知中，中注协对事务所开展上市公司年报审计提出具体要求。随后，中注协根据上市公司年报审计监管中发现的问题，及时约谈相关的会计师事务所，提示其存在的审计风险，提出防范建议措施，指导事务所关注和应对相关审计风险。

3.2 中注协约谈上市公司年报审计事务所的现状分析

本书将对 2011~2020 年中注协年报审计约谈监管，从约谈主题、方式、时间以及被约谈会计师事务所等方面进行描述性统计和概要性分析。

3.2.1 约谈主题特征

中注协《上市公司年报审计监管工作规程》第十四条指出，在开展约谈工作时，应当合理选定约谈主题。约谈主题应当以事务所审计风险的防范和化解为主线，及时反映和解决事务所在年报审计工作中遇到的重大问题。在确定约谈主题时，应当了解相关政府部门的政策动向，考虑资本市场的发展变化和行业面临的主要矛盾与问题。因此，本书梳理了中注协约谈主题，表 3-1 列示了 2011～2020 年中注协年报审计风险约谈主题的情况。

表 3-1   2011～2020 年中注协年报审计风险约谈主题统计

约谈主题	约谈次数	被约谈事务所数量（家）	约谈年度					约谈次数占比（%）
变更审计机构的上市公司审计风险	23	29	2011 2016	2012 2017	2013 2018	2014 2019	2015 2020	20.54
面临退市保壳的上市公司审计风险	7	13	2013 2020	2015	2016	2017	2019	6.25
上市公司内部控制的审计风险	7	7	2013 2018	2014	2015	2016	2017	6.25
业绩大幅波动的上市公司审计风险	6	9	2012	2013	2015	2016	2018	5.36
资产重组的上市公司审计风险	6	9	2012 2019	2013	2015	2016	2017	5.36
金融类上市公司审计风险	6	7	2015	2016	2018	2019	2020	5.36
创业板上市公司审计风险	5	8	2011	2013	2014	2016		4.46
受执业质量检查或被惩戒的事务所及注册会计师执行上市公司审计风险	5	7	2012	2015	2016	2017		4.46
农业类上市公司审计风险	5	8	2014	2015	2016	2017	2018	4.46
处在盈亏边缘、微弱盈利实现扭亏的上市公司审计风险	4	9	2012	2016	2017			3.57

续表

约谈主题	约谈次数	被约谈事务所数量（家）	约谈年度			约谈次数占比（%）
审计费用在同行业中处于较低水平的上市公司审计风险	4	6	2012	2013	2014	3.57
钢铁、水泥、电解铝、平板玻璃等产能严重过剩行业的上市公司审计风险	3	4	2014	2015	2016	2.68
重大非常规交易的上市公司审计风险	3	4	2012	2014	2018	2.68
房地产类上市公司审计风险	3	5	2015	2016	2020	2.68
债务违约风险的上市公司审计风险	3	4	2015	2019	2020	2.68
多年未变更审计机构的上市公司审计风险	2	5	2011	2014		1.79
被媒体曝光、可能涉嫌财务造假的上市公司审计风险	2	5	2012	2016		1.79
持续经营能力可能存在问题的上市公司审计风险	2	2	2012	2013		1.79
煤炭类上市公司审计风险	2	4	2015	2016		1.79
多次修正业绩预告的上市公司审计风险	2	2	2015	2019		1.79
事务所合并后高风险上市公司审计风险	1	2	2014			0.89
屡次被处罚、调查的上市公司审计风险	1	1	2014			0.89
高速公路上市公司审计风险	1	2	2015			0.89

约谈主题	约谈次数	被约谈事务所数量（家）	约谈年度	约谈次数占比（%）
有色金属行业上市公司审计风险	1	2	2016	0.89
变更审计机构且降低审计费用的上市公司审计风险	1	2	2016	0.89
涉足互联网金融的上市公司审计风险	1	2	2016	0.89
临近期末发生重大会计政策变更的上市公司审计风险	1	1	2017	0.89
财务报表合并范围发生重大变化的上市公司审计风险	1	1	2017	0.89
海外业务较多的上市公司审计风险	1	1	2017	0.89
投资产业性基金等对外投资的上市公司审计风险	1	1	2018	0.89
大幅计提商誉减值的上市公司审计风险	1	1	2019	0.89
医药行业上市公司审计风险	1	1	2020	0.89
合计	112	164		

资料来源：中注协官网。

从表 3-1 可以看出，约谈主题累计有 112 个，涉及会计师事务所累计有 164 家。首先，约谈主题次数最多的是变更审计机构的上市公司审计风险，共 23 次，次数占比为 20.54%。因该项审计风险主题涉及的被约谈事务所共 29 家，数量也是最多的。其次，约谈主题次数由多到少依次为面临退市保壳的上市公司审计风险，上市公司内部控制的审计风险，业绩大幅波动的上市公司审计风险，资产重组的上市公司审计风险，金融类上市公司审计风险，

创业板上市公司审计风险，受执业质量检查或被惩戒的事务所及注册会计师
执行上市公司审计风险，农业类上市公司审计风险，处在盈亏边缘、微弱盈
利实现扭亏的上市公司审计风险，审计费用在同行业中处于较低水平的上市
公司审计风险，钢铁、水泥、电解铝、平板玻璃等产能严重过剩行业的上市
公司审计风险，重大非常规交易的上市公司审计风险，房地产类上市公司审
计风险，债务违约风险的上市公司审计风险；其约谈次数为7次到3次，对
应涉及的被约谈事务所有13家到4家。最后，约谈主题次数为2次和1次的
是多年未变更审计机构的上市公司审计风险，被媒体曝光、可能涉嫌财务造
假的上市公司审计风险，持续经营能力可能存在问题的上市公司审计风险，
煤炭类上市公司审计风险，多次修正业绩预告的上市公司审计风险和屡次被
处罚、调查的上市公司审计风险等。

　　表3-1还列示了不同约谈主题的约谈年份分布，其中，每年都被中注协
选定为约谈主题的是变更审计机构的上市公司审计风险，十年中有六年都被
选定为约谈主题的是面临退市保壳的上市公司审计风险、上市公司内部控制
的审计风险和资产重组的上市公司审计风险，十年中有五年都被选定为约谈
主题的是业绩大幅波动的上市公司审计风险、金融类上市公司审计风险和农
业类上市公司审计风险，十年中有四年都被选定为约谈主题的是创业板上市
公司审计风险和受执业质量检查或被惩戒的事务所及注册会计师执行上市公
司审计风险。其他约谈主题分布为三年到一年。

3.2.2　约谈方式特征

　　中注协《上市公司年报审计监管工作规程》第十七条指出，约谈开始
前，应当向事务所发出上市公司年报审计监管约谈函，要求事务所在规定
时间内向中注协提交有关约谈项目年报审计开展情况的说明。第十九条指
出，对于已披露的上市公司年报，如有媒体质疑、公众投诉举报或发现审
计报告不当的，应与被约谈事务所取得联系，全面了解情况，必要时，可
采取当面沟通等措施。实践中，中注协曾进行当面约谈、书面约谈和电话
约谈三种方式。图3-1列示了2011~2020年中注协年报审计约谈方式的
情况。

　　从图3-1中可以看出，2011~2013年和2018年中注协以当面约谈方式

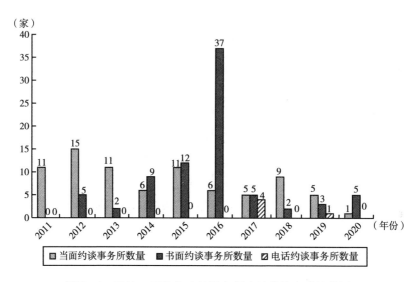

图 3 – 1 2011 ～ 2020 年中注协年报审计约谈方式柱状图

资料来源：根据中国注册会计师协会网站相关资料整理。

为主，2014 ～ 2016 年和 2020 年以书面约谈方式居多，2017 年和 2019 年三种约谈方式都有。从图 3 – 1 可以计算出，2011 ～ 2020 年中注协约谈事务所采用当面方式的累计有 80 家，书面方式的累计有 80 家，电话方式的累计有 5 家。

3.2.3 约谈时间特征

中注协《上市公司年报审计监管工作规程》第十七条指出，为强化上市公司年报审计事前、事中监管，切实增强年报审计监管的前瞻性、针对性和有效性，在上市公司年报披露期间，应适时启动年报审计监管的约谈机制，就上市公司年报审计业务可能存在的风险向被约谈事务所作出提示。图 3 – 2 列示 2011 ～ 2020 年中注协每一年约谈会计师事务所家数的折线图。

从图 3 – 2 中可以看出，2016 年中注协约谈了 43 家事务所，所有证券资格所当年都被约谈了。从被约谈事务所数量上看，2015 年和 2012 年分别为 23 家和 20 家，2014 年、2017 年、2013 年、2011 年和 2018 年分别为 15 家、14 家、13 家、11 家和 11 家，2019 年和 2020 年分别为 9 家和 6 家。

由于上市公司年报披露期间跨度几个月，本书还统计了披露期间每个月监管次数。表 3 – 2 列示中注协在每一个年度每个月份的约谈情况。

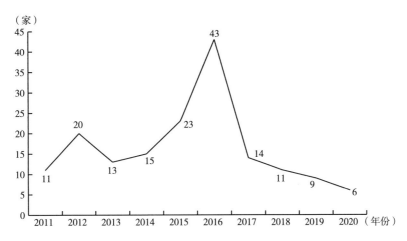

图 3 - 2 2011 ~ 2020 年中注协约谈会计师事务所数量折线图

资料来源：根据中国注册会计师协会网站相关资料整理。

表 3 - 2   **2011 ~ 2020 年中注协约谈事务所具体月份统计**

约谈年度	上一年 12 月	1 月	2 月	3 月	4 月	5 月
2011	0	0	4	7	0	0
2012	0	0	6	13	1	0
2013	0	0	0	1	8	0
2014	1	2	0	2	10	0
2015	3	5	7	7	1	0
2016	0	5	10	10	18	0
2017	0	1	4	4	5	0
2018	0	2	2	3	4	0
2019	0	1	1	4	3	0
2020	0	1	1	0	3	1
合计	4	17	35	51	53	1

资料来源：中注协官网。

    从表 3 - 2 中可以看出，年报披露期间 4 月份，约谈次数为 53 次，数量最多；3 月份约谈次数为 51 次；2 月份约谈次数为 35 次；1 月份约谈次数为 17 次；上一年 12 月份约谈次数为 4 次。2020 年因为疫情，年报披露时间推迟至 6 月 30 日，因此，5 月份中注协进行过约谈。

3.2.4 被约谈会计师事务所特征

中注协《上市公司年报审计监管工作规程》第十五条指出，在开展约谈工作前，应当结合约谈主题，合理确定约谈对象。约谈对象应当在深入分析上市公司公开信息，综合考虑媒体报道、公众举报、以往年度执业质量检查结果以及年报审计监管咨询专家意见的基础上确定。表3–3列示了证券资格会计师事务所在2012～2020年被约谈的次数统计。

表3–3 　　　　2012～2020年被中注协约谈会计师事务所次数统计

被约谈事务所名称	被约谈事务所次数	被约谈事务所名称	被约谈事务所次数
大华	10	毕马威华振	2
立信	9	中磊	2
瑞华	8	北京天圆全	2
天健	7	中瑞岳华	2
大信	6	国富浩华	2
中兴财光华	5	中勤万信	2
中喜	5	永拓	2
中审亚太	5	北京中证天通	2
亚太（集团）	5	中审华寅五洲	2
山东正源和信	4	北京永拓	2
北京兴华	4	天衡	2
众环海华	4	众华	2
利安达	4	希格玛	2
致同	4	华普天健	2
中兴华	4	立信中联	2
信永中和	4	天职国际	2
中准	3	上会	2
四川华信	3	江苏公证天业	2
江苏苏亚金诚	3	深圳市鹏城	1

续表

被约谈事务所名称	被约谈事务所次数	被约谈事务所名称	被约谈事务所次数
广东正中珠江	3	上海东华	1
德勤华永	3	安永华明	1
普华永道中天	3	福建华兴	1
中审众环	3	中天运	1
华寅	2	中汇	1

注：2011 年中注协约谈的 11 家会计师事务所未公布具体名称。2017 年 2 月 14 日，中注协约谈了有关证券资格会计师事务所，但未公布具体名称。本表统计时以当时事务所名称为主，未考虑事务所合并。

资料来源：中注协官网。

从表 3-3 中可以看出，2012~2020 年大华会计师事务所共被约谈 10 次，每年都被约谈。约谈次数从 9 次到 6 次的事务所分别为立信、瑞华、天健和大信。约谈次数为 5 次的事务所有中兴财光华、中喜、中审亚太、亚太（集团）。约谈次数为 4 次的事务所有山东正源和信、北京兴华、众环海华、利安达、致同、中兴华、信永中和。约谈次数为 3 次的事务所有中准、四川华信、江苏苏亚金诚、广东正中珠江、德勤华永、普华永道中天、中审众环。其他事务所被约谈次数为 2 次或 1 次。

3.3　中注协约谈上市公司年报审计监管的案例分析

本部分以 2012 年 4 月 25 日中注协以"频繁变更审计机构的上市公司年报审计风险防范"为主题，向国富浩华会计师事务所发函，就事务所新承接的长春经开 2011 年年报审计业务可能存在的风险作出书面提示为例，分析约谈的原因、过程和结果。选择该事件主要是基于两个方面的考虑，一方面是被约谈事务所审计的客户被中注协对外公开了，这是审计客户方面信息少有的披露，也为本书提供了难得的研究机会；另一方面是约谈时间为 2012 年，为中注协启动上市公司年报审计约谈工作的早期，这对约谈结果的检验而言具有相对较好的时间窗口。

3.3.1 约谈原因

中注协披露的约谈事务所主题为频繁变更审计机构的上市公司年报审计风险，即被约谈事务所国富浩华审计的客户长春经开因频繁发生变更审计机构而显示的审计风险高。在上海证券交易所网站查阅上市公司长春经开的公告，发现该公司从 1999 年上市至 2011 年期间 11 年的年报审计变更会计师事务所共 6 家，具体信息如表 3-4 所示。

表 3-4　　　　　长春经开 1999~2013 年年报审计事务所变更信息

年报年份	年报审计事务所	年报审计签字注册会计师	审计意见	备注
1999	中庆会计师事务所	刘进波 张庆澜	标准无保留意见	
2000	利安达信隆会计师事务所	黄锦辉 温京辉	标准无保留意见	中庆事务所已注销；审计费用 25 万元
2001	利安达信隆会计师事务所	温京辉 杜鸿玭	标准无保留意见	审计费用 25 万元
2002	利安达信隆会计师事务所	李耀堂 于蕾	标准无保留意见	审计费用 25 万元
2003	利安达信隆会计师事务所	于蕾 孟庆凯	标准无保留意见	审计费用 25 万元
2004	利安达信隆会计师事务所	于蕾 孟庆凯	标准无保留意见	审计费用 25 万元
2005	北京京都会计师事务所	倪军 黄志斌	强调事项段的无保留意见	与前任审计师利安达信隆审计合同期满；审计费用 30 万元
2006	上海上会会计师事务所	欧阳丹 张俊峰	标准无保留意见	与前任审计师北京京都事务所审计合同期满；审计费用 30 万元
2007	中磊会计师事务所	曹斌 王树奇	强调事项段的无保留意见	与前任审计师上海上会事务所审计合同期满；审计费用 28 万元

续表

年报 年份	年报审计 事务所	年报审计签字 注册会计师	审计意见	备注
2008	中磊会计师事务所	曹斌 刘英会	标准无保留意见	审计费用28万元
2009	福建华兴会计师事务所	童益恭 翁杰菁	标准无保留意见	审计费用40万元
2010	福建华兴会计师事务所	童益恭 翁杰菁	标准无保留意见	审计费用50万元
2011	国富浩华会计师事务所	李宝玉 宁华 张巍	标准无保留意见	2011年12月30日，更换会计师事务所公告，因福建华兴事务所扩张速度较快，且工作期集中，导致人手不足，无法保证按时完成年报审计工作，改聘大华会计师事务所，年度审计费用50万元。后因大华会计师事务所吉林分所审计项目组人员全部调入国富浩华会计师事务所，聘请国富浩华事务所为审计机构，年度审计费用为95万元
2012	国富浩华会计师事务所	李宝玉 宁华 张巍	标准无保留意见	年度审计费用为95万元
2013	瑞华会计师事务所	张静 宁华	标准无保留意见	年度审计费用为95万元

资料来源：上海证券交易所上市公司公告。

从表3-4中可以看出，长春经开自1999年上市至2011年已七次变更会计师事务所，尤其是2004年之后基本上每年都在变更事务所。这与当时中注协约谈的主题相符，即被约谈事务所客户频繁变更审计机构的审计风险。据公司公告，2005年底公司董事会决定续聘利安达信隆会计师事务所，但在2006年2月14日的股东大会上，公司股东全票否决了续聘利安达信隆事务所，随后在2006年3月14日的股东大会上，改聘北京京都会计师事务所作为2005年度的审计机构。该项否决表明公司与原聘会计师事务所合作关系被中断。即便是2008年，中磊事务所出具了标准无保留意见的审计报告后，还是在2009年被变更事务所。当时，中磊会计师事务所负责长春经开审计的注册会计师表示："被更换是长春经开决定的，与会计师事务所无关。"2010

年，吉林证监局对长春经开公司进行现场检查时，要求公司就存在的"审计、提名、薪酬与考核专门委员会中独立董事未占多数，以及2009年度会计估计变更事项理由不够充分"等问题进行整改。这也说明公司更换会计师事务所的问题已经引起了监管部门的注意。以上资料表明中注协约谈会计师事务所的主题确定具有很明确的风险依据。

3.3.2 约谈过程

据中注协官网披露，2012年2月13日，中注协向大华等四家证券资格会计师事务所负责人，就事务所新承接的部分上市公司2011年年报审计业务可能存在的风险进行提示，这次约谈以"频繁变更审计机构的上市公司年报审计风险防范"为主题，同时还涉及部分事务所未按规定进行业务变更报备和未按规定进行前后任沟通等问题。这次约谈的事务所是中注协在深入分析上市公司公开信息、密切跟踪媒体报道、综合考虑资本市场反应和广泛征求专家意见的基础上确定的。大华事务所的主任会计师、负责质量控制或技术标准的合伙人以及执行上市公司2011年年报审计业务的签字注册会计师接受约谈。中注协强调，年报审计机构变更历来是中注协年报审计监管的重点，频繁变更审计机构的上市公司年报审计业务一直是中注协执业质量检查的重点领域，事务所要高度重视频繁变更审计机构的上市公司年报审计风险的监控与防范。一是在业务承接前，要按照质量控制准则要求和内部质量控制制度规定实施严格的风险评估。既要分析掌握公司相关情况和年报审计机构变更的真正原因，也要考虑自身的独立性和资源配置现状，避免超越自身能力承接业务；同时还要特别注意强化对分所的实时监控，杜绝出现分所擅自承接高风险业务的现象，切实做好审计风险的事前防范。此外，事务所还要与前任注册会计师进行必要的沟通，以便为业务承接提供决策参考。二是在业务承接后，事务所要切实做好人员委派、业务督导以及项目质量控制复核等关键环节的风险管控，避免审计计划流于形式、风险评估流于形式、业务质量控制复核流于形式、业务监控流于形式。在年报审计期间，事务所业务变更报备信息是上市公司年报审计监管工作的有力抓手，其质量高低直接影响监管工作成效。同时，前后任注册会计师之间的沟通对事务所的风险防控工作来说也十分有益。但在上市公司2011年年报审计工作中，个别事务所并未按照《上市公司年报审计监管工作规程》要求报备业务变更信息，部分后任事务所也未按照审计准则有关规定与前任事务所进行沟通。对此，中注协将不断强化对事务所业务变更报备以及前后任事务所沟通情况的跟踪监控，对存在瞒报、误报或者迟报变更信息以及不与前任进行沟通的事务所进行通报，并将其作为年报审计监管以及执业质量检查的重点对象。会计师事务所要认真落实《关于做好上市公司 2011 年年报审计工作的通知》精神，高度重视质量控制和风险防范工作。会计师事务所一把手要切实承担起业务质量的领导责任，切实改善事务所的质量控制环境；事务所要认真查找质量控制体系存在的缺陷与不足，狠抓质量控制流程前移和质量控制政策及程序的贯彻实施，全力确保年报审计工作质量；事务所要进一步健全内部治理机制，深入推进总分所之间的实质性融合，不断提升事务所一体化水平，为质量控制体系的有效实施奠定坚实基础。注册会计师要勤勉尽责，始终牢记服务国家建设的崇高使命，始终恪守诚信、独立、客观、公正的原则与立场，始终保持职业怀疑态度，始终遵循职业道德规范要求和执业准则规定，充分关注重大风险领域、异常重大交易和疑难特殊事项，恰当确定和有效应对财务报表重大错报风险尤其是管理层舞弊可能导致的重大错报风险，勇于揭示上市公司问题，妥善处理各种意见分歧，合理确定审计意见类型。

约谈会上，事务所代表通报了有关公司的年报审计机构变更情况、应对年报审计风险所采取的措施以及年报审计收费的有关信息。事务所代表对中注协完善约谈工作机制、强化上市公司年报审计事前事中监管的做法予以高度评价。将风险提示和风险管控前移是行业监管工作的重大进步，有利于行业外部执业环境的改善，体现了中注协维护公众利益和行业形象的一贯宗旨，体现了中注协对事务所的关心与厚爱。中注协的风险提示针对性强、信息含量大、专业水平高，对事务所做好年报审计和加强风险防范工作很有帮助。

2012 年 4 月 25 日，中注协向国富浩华会计师事务所发函，就事务所新承接的长春经开 2011 年年报审计业务可能存在的风险作出书面提示，风险提示函具有：一是关注资产转让、对外担保等非常规交易和事项；二是关注管理层的诚信以及公司的持续经营能力；三是关注近期证监局整改通知列示的财务核算问题及相关事项；四是关注关联方关系及其交易、资产减值、收入的确认与计量等重大风险领域。当年 2 月 13 日，中注协曾以"频繁变更审计机构的上市公司年报审计风险防范"为主题，约谈了准备承接长春经开 2011

年年报审计业务的大华会计师事务所。此次约谈活动，是中注协紧盯频繁变更审计机构的上市公司年报审计风险的又一举措，体现了中注协对年报审计机构变更以及"炒鱿鱼、接下家"行为治理的一贯重视和持续关注。从上述约谈过程可以看出，中注协主要通过会计师事务所变更报备系统具有第一手信息资料，能够及时识别那些频繁变更审计机构的情况，从而为事中约谈监管提供依据。

3.3.3 约谈的市场反应

本案例被约谈的两家会计师事务所是因为其同一客户长春经开发生频繁变更事务所引起中注协约谈。中注协约谈会计师事务所是为提醒其客户的年报审计风险高，已有的研究认为上市公司年报审计约谈是一个负面事件，而基于市场反应的视角分析事务所约谈事件对事务所客户及签字注册会计师的客户影响目前还缺乏深入研究。为此，本书以中注协公布的大华会计师事务所和国富浩华会计师事务所被约谈事件为对象，探索性地研究中注协约谈作为客户审计风险高的负面事件对具体客户公司和相关方的影响。

据公司 2011 年 12 月 30 日公告，经公司第六届董事会第二十次会议和 2010 年度股东大会审议批准，公司续聘福建华兴会计师事务所有限公司为公司 2011 年度审计机构。现由于该所业务扩张速度较快，且工作期集中，导致人手不足，无法保证按时完成公司 2011 年报审计工作。因此，经公司与福建华兴会计师事务所有限公司协商，公司不再续聘该所为公司 2011 年度审计机构。根据公司《董事会审计委员会议事规则》的规定，经董事会审计委员会提名，公司拟聘请大华会计师事务所有限公司为公司 2011 年度审计机构，年度审计费用为人民币 50 万元。本次更换会计师事务所是由福建华兴所换为大华事务所。公司又在 2012 年 3 月 24 日公告，公司近日收到国富浩华会计师事务所致公司函，获悉正在对公司 2011 年度财务报告进行审计的大华会计师事务所吉林分所审计项目组人员已全部调入国富浩华会计师事务所，该部分人员执行的相关业务项目一并转入国富浩华会计师事务所。因此，公司董事会审计委员会建议公司更换年度审计机构，聘请国富浩华会计师事务所为公司 2011 年度审计机构。本次更换会计师事务所是由大华事务所换为国富浩华事务所，但签字注册会计师没有更换，而且年度审计费用从大华事务所的 50

万元变为 95 万元。

被约谈事务所之一大华会计师事务所于 1985 年在上海组建。首任法人代表和董事长的是娄尔行先生，徐政旦先生担任主任会计师。组建以后大华在上海的资本市场上连续五年审计的上市公司的数量一直是排名第一。后来经财政部和外经贸部批准，1993 年 3 月，由普华国际会计公司与大华会计师事务所合作成立普华大华会计师事务所。原证监会首席会计师周中惠先生担任普华大华的总经理。后来随着深圳改革开放大幕的开启，上海大华在深圳创立了深圳大华。2001 年，上海大华作为中方母体和香港安永组建成立了安永大华，汤云为先生担任主任会计师。随后普华大华吸收了其他团队，更名为普华永道中天。2006 年初，安永大华和安永华明合并后，大华名称消失。但是大华会计师事务所的工商注册仍然延续在上海，至此大华品牌中一直在运营的只有本土的深圳大华。此后深圳大华、广东天诚、江西恒信、珠海德律经过一系列合并组建大华德律，当时是华南地区最大的一家会计师事务所。2006 年 11 月，北京中天华正、上海立信长江、广东羊城三家在保留各自法律主体地位的情况下，在上海组建了立信管理公司，分别更名为北京立信、立信、立信羊城。2007 年 1 月，北京中洲光华、华证和厦门天健华天合并为天健华证中洲。2008 年 7 月，其又更名为天健光华。2009 年 10 月，北京立信和深圳大华德律合并成立了立信大华会计师事务所，合并后的总部在北京。2010 年，大华首批取得 H 股上市公司审计业务资质，不仅能够从事国内上市公司审计、大型中央和地方国有企业审计、大型金融保险企业审计，而且可以为开拓海外市场的中国企业及进入中国市场的外资企业提供全球化的审计和咨询等专业服务。2011 年，天健光华的部分精英团队并入大华。在中国注册会计师协会公布的《会计师事务所综合评价前百家信息》中，2010 年和2011 年，立信大华均位居第 11 位。

被约谈事务所之二国富浩华会计师事务所于 2005 年 11 月在北京成立。2009 年 9 月，由北京五联方圆会计师事务所、万隆亚洲会计师事务所、中磊总部部分执业团队及其安徽、江苏、福建、广东佛山分所合并组建成立。首任首席合伙人为杨剑涛先生。2010 年 10 月，国富浩华完成了从公司制转制为特殊普通合伙制。2013 年 2 月，国富浩华还合并了深圳鹏城所以及利安达部分分所团队。在中国注册会计师协会公布的《会计师事务所综合评价前百家信息》中，2010 年和 2011 年，国富浩华分别位居第 9 位和第 7 位。

约谈案例事务所变更前任审计师福建华兴会计师事务所创立于 1981 年，隶属福建省财政厅。1998 年 12 月，与原主管单位福建省财政厅脱钩，改制为福建华兴有限责任会计师事务所。2009 年 1 月，更名为福建华兴会计师事务所有限公司。在中国注册会计师协会公布的《会计师事务所综合评价前百家信息》中，2010 年和 2011 年，福建华兴分别位居第 41 位和第 44 位。

约谈案例事务所直接相关的审计客户长春经开，公司原名"长春经济技术开发区开发建设（集团）股份有限公司"，系经长春市经济体制改革委员会批准，于 1993 年 3 月以定向募集方式设立的股份有限公司，1999 年 9 月在上海证券交易所挂牌上市，股票简称为长春经开，股票代码为 600215。2004 年 6 月，公司名称变更为长春经开（集团）股份有限公司。2010 年 12 月，公司置出本公司持有的会展整体资产以及长春国际会展中心、长春经济技术开发区热力有限责任公司部分股权，置入吉林省六合房地产开发有限公司股权。公司的经营范围为房地产开发和公用设施投资、开发、建设、租赁、经营、管理，以及实业与科技投资。长春经开自 1999 年上市至 2012 年 13 年间共聘用 7 家会计师事务所审计年报，除 1 家事务所的审计任期为 4 年外，其他 6 家事务所审计任期不超过 2 年，对会计师事务所审计服务质量提升极为不利，从而给证券市场一个财务报告质量不佳的信号。因此，本书认为长春经开的年报审计事务所因频繁变更被中注协约谈是一个负面事件。为此，本书提出以下研究假说：

H1a：长春经开的股票价格在中注协约谈其审计事务所发生的时间窗口反应消极。

H1b：长春经开股票交易量在中注协约谈其审计事务所发生的时间窗口显著放大。

事件研究要进行事件定义，即需选定事件日、事件期和估计期。本书根据中注协约谈两家事务所事件的发展，选择三个关键的事件日进行分析。事件日一是 2012 年 2 月 13 日，为中注协以"频繁变更审计机构的上市公司年报审计风险防范"为主题约谈大华会计师事务所的约谈日。事件日二是 2012 年 2 月 15 日，为中注协以"频繁变更审计机构的上市公司年报审计风险防范"为主题约谈大华会计师事务所的信息发布日。事件日三是 2012 年 4 月 25 日，为中注协向国富浩华会计师事务所就新承接的长春经开 2011 年年报审计业务可能存在的风险作出书面提示的信息发布日。针对三次负面监管信息的披露,本书分别选择事件日前后 5 天,即 [-5,5]。估计期窗口由之前的 130 个交易日组成,即 [-150,-6]。本书采用标准的市场模型计算超额收益。首先估计事件期的预期收益率:

$$R_t = \alpha + \beta R_m + \varepsilon \qquad (3-1)$$

$$E(R_t) = \hat{\alpha} + \hat{\beta} R_m \qquad (3-2)$$

　　式 (3-1) 利用估计期 [-150,-6] 的数据,通过 OLS 回归丰富估计系数 $\hat{\alpha}$ 和 $\hat{\beta}$,其中,R_t 是长春经开第 t 天的实际收益率;R_m 是市场收益率,本书用上证房地产行业指数的收益率来表示;ε 是回归的残差项。式 (3-2) 估算事件期 [-5,5] 内长春经开的预期收益率,用 $E(R_t)$ 表示。其次计算事件期的超额收益率:

$$AR_t = R_t - E(R_t) \qquad (3-3)$$

$$CAR[t_1,t_2] = \sum_{t_1}^{t_2} AR_t \qquad (3-4)$$

　　式 (3-3) 计算事件期 [-5,5] 内长春经开的超额收益率 AR_t,式 (3-4) 计算给定期 [t_1,t_2] 的累计超额收益 $CAR[t_1,t_2]$。数据来源于巨潮资讯网手工搜集。

　　事件日一为 2012 年 2 月 13 日,中注协约谈大华会计师事务所,因其客户长春经开变更会计师事务所。该约谈事件日的窗口期 [-5,5] 的 AR 和 CAR 计算结果如表 3-5 所示。

表 3-5　2012 年 2 月 13 日约谈事件窗口期 [-5,5] 的 AR 和 CAR 值

T	AR	CAR
-5	-0.06152	-0.06152
-4	0.034291	-0.02723
-3	-0.0178	-0.04502
-2	0.013308	-0.03171
-1	-0.0065	-0.03822
0	0.00257	-0.03565
1	-0.00047	0.002101

续表

T	AR	CAR
2	0.017117	0.019219
3	− 0.01507	0.004149
4	0.006857	0.011006
5	− 0.01296	− 0.00195

从表 3 - 5 可以看出，约谈事件日当天、约谈前 5 天和约谈后第 5 天的累计超额收益 CAR 为负值，表明约谈当天市场作出了负面的反应。约谈日窗口期的超额收益 AR 和累计超额收益 CAR 的趋势如图 3 - 3 所示。

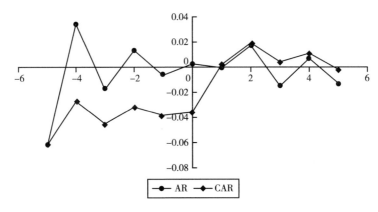

图 3 - 3 2012 年 2 月 13 日约谈事件窗口期 [−5，5] AR 和 CAR 值折线图

从图 3 - 3 可以看出，大华事务所被中注协约谈事件对客户长春经开的累计超额收益 CAR 在约谈发生日为负值，约谈后累计超额收益 CAR 不是负值。这一结果的可能原因是约谈事件只提及被约谈的具体事务所，而被约谈事务所涉及的具体客户并没有公布。

事件日二为 2012 年 2 月 15 日，中注协约谈大华会计师事务所的信息在网站公布。该约谈事件公布日的窗口期 [−5，5] 的 AR 和 CAR 计算结果如表 3 - 6 所示。

表 3 - 6 2012 年 2 月 15 日约谈事件公布窗口期 [−5，5] 的 AR 和 CAR 值

T	AR	CAR
−5	− 0.0178	− 0.0178
−4	0.013308	− 0.00449

续表

T	AR	CAR
-3	-0.0065	-0.01099
-2	0.00257	-0.00842
-1	-0.00047	-0.00889
0	0.017117	0.017117
1	-0.01507	0.002048
2	0.006857	0.023974
3	-0.01296	0.011016
4	0.019101	0.030117
5	0.006003	0.036121

从表3-6可以看出，大华事务所被中注协约谈事件公布对客户长春经开的累计超额收益 CAR 在公布日之前4天为负值，公布当天和公布后5天市场未作出负面的反应。约谈公布日窗口期的超额收益 AR 和累计超额收益 CAR 的趋势如图3-4所示。

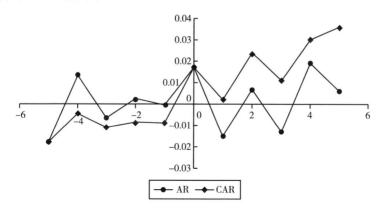

图3-4 2012年2月15日约谈事件公布窗口期［-5, 5］的 AR 和 CAR 值折线图

从图3-4可以看出，大华事务所被中注协约谈事件对客户长春经开的累计超额收益 CAR 在约谈事件公布日后不是负值。这一结果的可能原因是约谈事件只提及被约谈的具体事务所，而被约谈事务所涉及的具体客户并没有公布。

事件日三为2012年4月25日，中注协约谈国富浩华会计师事务所，因其客户长春经开变更会计师事务所。该约谈事件日的窗口期［-5, 5］的

AR 和 CAR 计算结果如表 3 – 7 所示。

表 3 – 7　2012 年 4 月 25 日约谈事件公布窗口期 ［ –5，5］ 的 AR 和 CAR 值

T	AR	CAR
– 5	0. 104969	0. 104969
– 4	– 0. 10065	0. 004315
– 3	0. 122888	0. 127203
– 2	– 0. 12363	0. 003575
– 1	0. 13151	0. 135085
0	– 0. 02814	– 0. 02814
1	0. 015903	– 0. 01224
2	– 0. 07487	– 0. 08711
3	0. 080715	– 0. 0064
4	– 0. 09293	– 0. 09933
5	0. 096672	– 0. 00266

从表 3 – 7 可以看出，国富浩华事务所被中注协约谈事件对客户长春经开的累计超额收益 CAR 在约谈当天和约谈后的 5 天都为负值，市场都作出负面的反应。结果表明中注协约谈事务所，提及具体审计客户，市场作出了明显的负面反应。假说 H1a 得以支持。约谈日窗口期的超额收益 AR 和累计超额收益 CAR 的趋势如图 3 – 5 所示。

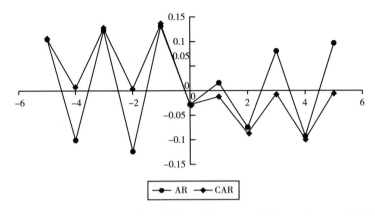

图 3 – 5　2012 年 4 月 25 日约谈事件窗口期 ［ –5，5］ 的 AR 和 CAR 值折线图

从图 3 – 5 可以看出，国富浩华事务所被中注协约谈事件对客户长春经开的累计超额收益在约谈日及后 5 天都为负值，结果表明中注协约谈事务所，提及具体审计客户，市场作出了明显的负面反应。假说 H1a 得以支持。

2012 年 2 月 1 日~5 月 4 日长春经开的股票成交数量和成交金额如图 3 – 6 所示。

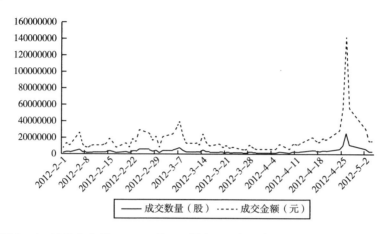

图 3 – 6　2012 年 2 月 1 日~5 月 4 日长春经开股票成交量和成交金额折线图

从图 3 – 6 可以看出，2012 年 4 月 25 日，因长春经开频繁变更会计师事务所，其审计师国富浩华事务所被中注协约谈，市场成交量和成交金额明显增长。假说 H1b 得以支持。即会计师事务所被中注协约谈，具体涉及客户的股票交易量显著增大。

3.4　本章小结

本章利用 2011~2020 年中注协对上市公司年报审计约谈信息，从约谈主题、约谈方式、约谈时间、被约谈会计师事务所、市场反应等方面，进行描述性统计和概要性分析，得出以下几个方面的结论。

约谈主题最多的是变更审计机构的上市公司审计风险。这一风险被中注协约谈选定主题次数最多，本书认为这与该风险的相关监管制度密切相关。上市公司聘用更换会计师事务所按规定要及时报备中注协。中注协充分利用这一资源进行监管，反映了中注协充分发挥了行业自律的作用。约谈主题次数较多的还有退市保壳的上市公司审计风险、上市公司内部控制的审计风险、业绩大幅波动的上市公司审计风险、资产重组的上市公司审计风险、金融类上市公司审计风险等。这些主题反映过去十年间资本市场上上市公司较为突出的几类风险，与财务报表信息质量密切相关，甚至是极易出现舞弊风险的领域。这从一定程度上体现了中注协约谈监管的专业性。然而，随着近期财务造假反弹，约谈主题应当更多关注舞弊审计风险，进一步发挥行业监管的专业性。

约谈方式，从时间上看，开始以当面约谈为主，后来过渡到以书面约谈为主、电话约谈为辅。从约谈方式的使用次数看，以当面约谈和书面约谈居多，还有少量的电话约谈。约谈方式的变化，体现了中注协对年报审计约谈工作由开始到熟悉的发展过程。相对而言，书面约谈既提高了约谈的效率，也不失约谈的严肃性。因为当面约谈对事务所相关人员而言，要在年报审计期间专门去中注协一趟，时间等成本较高。因此，建议非特别重大问题，就某些风险主题应当优先考虑书面约谈方式。

约谈时间，从年份上看，大多数年份有1/3左右的会计师事务所被约谈选定。只有2016年所有证券资格事务所都被约谈过。从月份上看，约谈主要集中在4月、3月和2月。这与上市公司年报披露时间大致同步。

被约谈会计师事务所，从约谈次数看，考虑事务所合并，被约谈最多的是瑞华会计师事务所，共12次。这与瑞华事务所近些年来发展中出现的问题也较为吻合，一定程度上反映了中注协自律监管的针对性。被约谈事务所次数较多的还有大华、立信、天健、中审众环和大信，反映了这些事务所高风险的审计客户较多。然而，就某一个风险主题，同时约谈几家事务所的情形还不是很多，这样容易被误读为仅是某一家会计师事务所在上市公司年报审计过程中出现的个别问题。中注协首先从全行业总体出发，发现并提出某一阶段具有较普遍性的风险主题，然后再集中约谈几家突出性的会计师事务所，并在一定范围内告之所有上市公司审计的事务所，以示提醒全行业加强防范该主题的审计风险。

会计师事务所被中注协约谈，如果涉及的审计客户信息没有公布，市场负面反应就不明显；如果涉及的审计客户信息公布，其市场就会作出明显的负面反应，其股票成交量和成交金额明显增大。

第4章 理论分析与研究假说

4.1 基于监管理论的行业约谈对年报审计决策的影响分析

德扬科夫等（Djankov et al.，2003）和安德烈·施莱弗（Andrei Shleifer，2005）认为，商业能够良好运行有四种社会控制制度。他们以证券发行为例，假设社会对拥有广泛和流动的证券市场感兴趣，并认为发行股票的公司要披露有关情况的准确信息。这四种社会控制制度是，首先，可以依靠发行人本身或其承销商的声誉激励来披露发行证券的真相，这是市场机制的解决方案。其次，当他们认为自己受到了欺骗的时候，根据合同或侵权的一般原则，可以依靠证券购买者的私人诉讼。此时，法院所要解决的问题是，发行人或承销商是否提供了不准确的信息，或者未能提供按要求所需的信息。这是诉讼机制的解决方案。再次，可以建立一个公共监管机构，该机构负责规定证券发行人应当披露的内容，检查其账簿和披露内容，并处罚违反其规则的发行人和承销商。在私人诉讼和全面监管之间，监管者可以制定证券发行规则，但应将这些规则的实施交由受害投资者进行私人诉讼。这是公共监管的解决方案。最后，可以将证券发行国有化。当公共安全受到威胁等情况下，只有政府所有制才能解决混乱的问题。这是国家所有权的解决方案。

具体到证券审计市场，上述四种机制同样存在。

第一，已有的研究认为，在市场机制下，会计师事务所为获得准租金不得不提供高质量的审计服务以保持良好的声誉。因为审计声誉的建立是一个长期累积过程，需要通过与大量的客户反复交易才能慢慢形成，而一次审计失败就可能使其审计声誉丧失殆尽。国外的安达信会计师事务所和国内的瑞华会计师事务所都是现实的案例。市场机制下，审计声誉被看作是事务所审计质量的担保（Watt & Zimmerman，1986）。陈俊和陈汉文（2010）以我国新股发行市场化改革初期独特的价格上限管制为背景，对作为市场信息中介的审计师声誉价值的建立及其有效性进行了初步考察，发现审计师声誉机制有助于降低抑价折扣，改善新股定价效率，并且高声誉审计师在新股发行过程中也确实收取了更高的审计费用；审计师声誉机制的信号价值主要体现在低于价格上限定价的样本中，而在达到价格上限的样本中，最高限价管制明显削弱了审计师声誉机制的信号价值。方军雄（2011）检验了声誉机制在中国市场的有效性，研究发现声誉受损之后注册会计师显著提高了其审计质量，市场也作出了恰当的反应，即审计质量改善的注册会计师其客户流失率明显较低，而审计收费明显较高。职业声誉的约束作用在中国再次得到验证，这进一步说明了独立审计职业声誉机制在新兴市场依然具有治理价值。王兵、尤广辉、宋戈（2013）从会计师事务所合并提升审计师声誉的视角检验审计师的声誉效应，研究结果表明我国资本市场普通投资者已经关注审计师声誉，会计师事务所合并在公司股价上得到了正面反应。在具体合并形式上，总部设在非北京地区的会计师事务所间合并以及合并一方为非国内"十大"所的，更能得到市场认同，但没有发现会计师事务所合并能显著提高审计收费。

　　第二，在法律诉讼机制下，投资者购买有价证券，而该证券的发行或买卖与被审计的财务报表有关，故一旦投资者蒙受投资损失，且财务报表的重大错报或舞弊被证实为审计失败，法律就赋予投资者对审计师进行追索求偿以弥补其投资损失的权利。法律诉讼会提高审计质量，对于审计风险比较高的客户，审计师也会提高他们的审计收费（Choi et al.，2008；Venkataraman et al.，2008）。审计师会根据自己的风险承受能力选择客户，通过审计风险客户的组合搭配，以控制审计失败时自己承担的诉讼成本（Krishnan & Krishnan，1997；Laux & Newman，2010）。卡塞罗和达姆罗斯（Carcello & Dalmrose，1994）研究发现，审计师出具持续经营审计意见的非标准审计报告有助于降低诉讼风险。库拉纳和拉曼（Khurana & Raman，2004）研究四大在不同诉讼环境下的审计质量，发现诉讼风险而不是声誉保证审计师提供高质量的审计服务。然而，美国安达信的倒闭一定程度上对法律诉讼机制保障审计质量的观点形成了挑战。卡普兰和威廉姆斯（Kaplan & Williams，2013）研究发现审计师会在诉讼风险较高时出具持续经营意见的审计报告，同时当其出具该类型的报告后，审计师的败诉赔偿金额较小。

第三，纠正市场失灵，可以引入政府的公共监管。管制经济学有两种理论分析政府监管对审计质量产生影响：一种是建立在"帮助之手"模型上的公共利益理论；另一种是建立在"掠夺之手"模型上的管制俘虏理论。公共利益理论认为，政府充当公正的"守夜人"角色，为了减少审计师与审计报告使用人之间的信息不对称，政府通过市场准入政策和事后惩罚制度等方式发挥其作用。一是政府通过控制市场准入，限制注册会计师行业的竞争，保持行业的稳定性，从而维护其"特许权价值"。相反，如果太多的进入会妨碍现有的事务所达到一个有效的规模，从而降低了它们长期投资的能力和意愿，也无法激励事务所提高审计质量。政府通过制定注册会计师执业资格认定标准和事务所执业规范，规定只有具备某种执业资格的从业人员才能签发审计报告。市场准入的许可证制度不仅通过筛选机制保证了审计质量的最低下限，而且为获得许可证的审计师降低审计质量提供了一种可能的惩罚机制，因为获得从业资格的注册会计师一旦因质量问题被吊销从业资格，将意味着他们永久性的丧失许可证带来的"准租"。二是政府通过执业质量检查，惩罚未遵守执业规范的事务所或注册会计师，监督事务所审计质量的底线，从而维护整个社会的公共利益，使社会福利最大化。

管制俘虏理论从政府"掠夺之手"模型出发，强调政府失灵的可能性，认为政府在监管过程中并不是以整个社会的福利最大化为目标，而是在其政治目标与最大化其经济利益之间做出权衡（North，1990）。政府在追求自身利益最大化的同时，还会利用管制便利将资源转移到与政府有关系的事务所以获取租金。因此，在管制过程中，政府容易被被监管者所俘虏，为被监管者设定某种资格，提高行业进入壁垒，确保被监管者的垄断利润（Stigler，1971）。陈、范、黄（Chen & Fan & Wong，2002）与于李胜和王艳艳（2010）实证发现政府管制的结果使事务所降低对审计质量的提高，诱导事务所的寻租行为，降低审计质量，导致租值耗散，降低资源配置效率。黄崑和张立民（2010）以我国2001～2002年出台的相关审计监管政策为例，讨论审计监管对审计师变更和后任审计师谨慎性的影响。由于证监会2001年发布的《公开发行证券的公司信息披露编报规则第14号——非标准无保留审计意见及其涉及事项的处理》增强了非标审计意见之于上市公司的不利后果，因而可能推动了机会主义审计师变更的增加。研究发现在14号文出台后，前期非标审计意见同审计师变更的正相关关系变得更为紧密，且大所向小所的审计师变更频率显著上升。但是，没有证据表明，相比于未变更公司而言，变更公司的后续审计意见改善程度更高。并且在 2000 ~ 2002 年，后任审计师针对变更公司的谨慎性有逐渐增强的趋势，这意味着 2002 年中注协关于审计师变更的监管政策可能发挥了一定的积极作用。张俊民和刘雨杰（2015）选取 2010 ~ 2012 年 43 家具有证券和期货资质的会计师事务所为研究样本，采用面板数据回归实证研究方法，通过构建模型探究注册会计师行业 2009 年以后主要监管制度的变迁与审计师声誉之间的关系，研究发现规范会计师事务所、注册会计师个人以及内部控制审计方面的监管制度在一定程度上促进了审计师声誉的提高。彭雯、张立民、钟凯、黎来芳（2019）基于审计师决策行为视角，研究证券交易所监管问询发挥作用的途径，选取 2015 ~ 2017 年沪深 A 股上市公司的 7592 个公司年观察值为研究样本，采用 OLS 多元回归、倾向得分匹配、工具变量等方法进行实证检验。结合问询函分类、首次问询、溢出效应、中介效应、非标准审计意见、审计师变更方向等维度的分析，提供相应的稳健性检验证据。研究结果表明，交易所监管问询增加审计师发表持续经营审计意见的可能性，审计师变更行为发生的概率增大，并且监管问询促使被问询公司的审计师从大事务所变更为小事务所，审计师与客户关系重构由审计师辞聘行为主导，加大了上市公司受到的外部压力，促使公司提高信息披露质量，说明证券交易所监管问询机制通过审计师渠道发挥积极作用。深入研究发现，收到问询函次数越多的公司，其审计师决策行为受到监管问询的影响越大；监管问询促使审计师增加审计投入，同一家事务所审计的被问询公司与未被问询公司之间存在溢出效应，进一步验证了审计是监管问询发挥积极效应的重要途径，揭示了审计是证券交易所监管问询发挥积极作用的重要渠道，支持了证券交易所监管问询机制的积极经济后果，对于规范上市公司信息披露行为、促进资本市场健康发展具有积极作用，为加强审计师独立性、完善审计师变更原因信息披露等制度提供了一定的理论参考。

第四，国有化也是一种保证审计师提供高质量审计服务的机制，其主要通过政府控制会计师事务所，强制要求事务所提供高质量的审计服务。然而，我国注册会计师发展历史中，曾经有过会计师事务所挂靠财政部门与事业单位，而被审计单位为国有企业时，被审计单位通过上级主管行政部门干预事务所的执业活动，再加上事务所的官办机构缺乏风险意识，导致出现了证券市场系列的事务所参与财务造假案。因此，会计师事务所不得不实行脱钩改制。这段历史实践表明国有化提供高质量审计服务不可行。王跃堂和陈世敏（2001）实证研究我国会计师事务所与挂靠单位脱钩，改成合伙制事务所或有限责任公司，得出脱钩改制后审计质量不仅没有提高，反而有所下降，但脱钩改制显著增强了注册会计师的审计风险意识，由此导致审计独立性的显著提高。

通过上述分析可以看出，市场机制、诉讼机制和国有化等制度在保证证券审计市场健康运行方面已受到了现实的挑战，政府公共监管成为纠正市场失灵和保障高质量审计服务的最后考量。我国对证券审计市场监管的机构有证监会、财政部和中国注册会计师协会等。它们通过对证券期货从业的会计师事务所进行执业质量检查以保证高质量的执业水平。财政部的检查一般由地方财政部门或财政部驻各地财政监察专员办事处负责，证监会的检查一般由各地证监局及专员办负责，中注协的检查有每三年一次的执业质量检查和每年上市公司年报审计期间对高风险审计事务所约谈等。

无论是1994年开始实施的《中国注册会计师法》，还是2014年修订的《中国注册会计师法》，都明确规定注册会计师协会应当对注册会计师的任职资格和执业情况进行年度检查。2002年，中注协制定《注册会计师行业谈话提醒制度》。据中注协公开披露，2008年3月，中注协对上市公司年报审计的10家事务所书面发函进行了约谈，提示其客户业绩大幅波动的年报审计风险，但未公开披露具体是哪10家会计师事务所。

2011年，中注协制定《上市公司年报审计监管工作规程》（会协〔2011〕52号）。该规程指出，为强化上市公司年报审计事中监管，切实增强年报审计监管的前瞻性、针对性和有效性，在上市公司年报披露期间，应适时启动年报审计监管约谈机制，就上市公司年报审计业务可能存在的风险向被约谈事务所作出提示。当年2月~3月，中注协分5批次约谈了负责2010年上市公司年报审计的11家事务所的主任会计师、负责质量控制或技术标准的合伙人以及签字的注册会计师，提示其客户的年报审计风险，但未公开披露具体是哪11家会计师事务所。自2012年之后，中注协不仅在上市公司年报审计期间继续约谈事务所提示其年报审计风险，还对外公开被约谈会计师事务所名单。正是基于被约谈事务所的信息，本书才能检验中注协预防性监管对被约谈事务所的审计决策是否产生影响。具体如表4-1所示。

表 4-1 2011~2019 年上市公司年报审计被约谈事务所信息

年报年份	被约谈事务所名单	家数
2011	立信、华寅、中兴财光华、大华、中准、中喜、毕马威华振、中磊、中审亚太、深圳鹏城、北京天圆全、上海东华、山东正源和信、中瑞岳华、北京兴华、天健、众环海华、四川华信、国富浩华	19
2012	大华、中磊、大信、华寅五洲、利安达、致同、国富浩华、中勤万信、北京永拓、北京兴华、北京中证天通、中瑞岳华、众环海华	13
2013	瑞华、中兴财光华、天健、中审华寅五洲、大信、中兴华、北京永拓、江苏苏亚金诚、众环海华、北京兴华、大华、致同、山东和信、信永中和、亚太（集团）	15
2014	大华、致同、中审亚太、瑞华、天健、广东正中珠江、德勤华永、利安达、亚太（集团）、立信、天衡、众华、众环海华、普华永道中天、希格玛、四川华信（集团）、中喜、中兴财光华、华普天健	19
2015	中喜、大信、瑞华、安永华明、大华、天健、希格玛、福建华兴、众华、信永中和、中勤万信、中审华寅五洲、致同、立信中联、天职国际、毕马威华振、山东和信、亚太（集团）、立信、中天运、华普天健、北京中证天通、四川华信、大华、上会、中审亚太、江苏苏亚金诚、中兴财光华、中审众环、江苏公证天业、北京兴华、广东正中珠江、中准、利安达、中汇、德勤华永、北京天圆全、中兴华、天衡、北京永拓	40
2016	中兴财光华、瑞华、立信、中喜、亚太（集团）、大华、中审众环、天职国际、中审亚太、信永中和、上会、中准、德勤华永	13
2017	天健、大信、普华永道中天、广东正中珠江、山东和信、中喜、中兴华、亚太（集团）、立信、瑞华、大华	11
2018	大华、中审众环、大信、立信、瑞华、信永中和、江苏公证天业、江苏苏亚金诚、中兴华	9
2019	大信、立信中联、立信、天健、利安达、北京永拓	6

注：2016 年上市公司年报审计事务所有个别被约谈，但中注协未公布其具体名单。

4.2 假说提出

根据中注协对注册会计师行业的监管职能和上市公司年报审计期间约谈监管实践，理论上中注协的年报审计约谈对事务所审计决策将会产生影响。首先，中注协作为注册会计师全国性的行业组织，协会章程明确赋予行业自律监管职责，具有对会员违反法律法规和行业管理规范的行为予以惩戒的权限。赵子夜（2012）分析我国审计市场，认为中注协与财政部、证监会和审计署等外部监管机构共享监管权，保障了监管的精度和强度。于李胜和王艳艳（2010）、辛清泉等（2013）认为我国证券市场现阶段表现为监管机制替代了市场机制和诉讼机制。宋衍蘅和肖星（2012）认为我国注册会计师审计风险的主要表现形式是上市公司被监管机构查处的风险，即监管风险。宋衍蘅和何玉润（2008）研究发现注册会计师在审计决策时，特别关注违规行为被查处的风险，违规行为被查处的可能性会影响注册会计师对审计意见的决策。

其次，中注协的约谈在上市公司年报审计期间，即在公司年报披露之前，该约谈属于事中监管行为，本书称之为预防性监管。由于针对某一类具体的高审计风险，中注协分批约谈了某一家或几家事务所，并且就个别的高风险客户进行提示。针对个别的高风险客户，中注协约谈了签字注册会计师，这种事中及时提醒对当事注册会计师还有变动余地，完全可能会追加实施审计程序，补充获取审计证据，提出或坚持让上市公司调整的重大审计事项等。吴溪、杨育龙和张俊生（2014）根据中注协提供的内部数据，研究发现被约谈的审计师对受到风险提示的特定个别客户实施了更加稳健的审计。并且，中注协强调具体某一类年报审计风险，如客户业绩大幅波动的风险，同时被约谈的还有事务所主任会计师及负责质量控制或技术标准的合伙人。他们作为事务所年报审计风险主要的承担者，有能力和方式去监控事务所的高风险业务，以尽可能地采取内部控制措施来降低事务所被监管的风险。因此，可以从一定程度上来说，中注协的约谈对事务所的影响，应该不仅是个别高风险客户，还很有可能涉及事务所当年所有高风险客户。因此，本书认为中注协的年报审计约谈对被约谈事务所的审计决策将产生影响。

然而，也有理由认为中注协的约谈对事务所年报审计不会产生显著的影响。一方面是因为中注协提醒事务所关注的审计风险，已经被审计准则所要求了，即不管是否受到中注协约谈或风险提示，注册会计师在审计准则的规定下都必须要对被审计单位进行风险评估和识别，并采取相应的风险应对措施。如果是这样，事务所是否被中注协约谈与否，其审计决策难以有明显的变化。另一方面是因为中注协毕竟是注册会计师行业自律性组织，自 2002 年后其主要实施非行政法律责任性质的行业内部检查，对发现的问题往往实行非行政处罚性质的行业内惩戒。由于约谈不属于正式的行政检查或调查，在我国以行政法律责任为主要约束的环境下，被约谈事务所和注册会计师有可能并不十分看重行业内部的约谈提示。

基于上述分析与讨论，本书以原假设的方式分别提出中注协的年报审计约谈对事务所审计过程和结果影响的两个方面假说。

H2（原假设）：在其他条件相同的情况下，被约谈事务所的审计结果与未被约谈事务所的审计结果没有显著差异。

一方面，中注协的约谈如果能够提示或警醒被约谈事务所加强年报审计风险控制，其直接的影响后果很可能是被约谈事务所审计发现客户更多的重大错报，或者风险高的客户发生事务所变更的可能性显著增加，即被约谈事务所的审计质量将提高，或被约谈事务所发生变更的可能性更大。因此，本书以财务报表重述衡量审计质量，以事务所变更衡量风险客户调整，从审计质量和风险客户调整两个方面度量审计结果。于是，假说 H2 可以细化为如下两个具体的假说。

H2a：在其他条件相同的情况下，被约谈事务所的审计质量与未被约谈事务所的审计质量相比要高。

H2b：在其他条件相同的情况下，被约谈事务所发生变更与未被约谈事务所发生变更相比要多。

H3（原假设）：在其他条件相同的情况下，被约谈事务所的审计过程与未被约谈事务所的审计过程没有显著差异。

另一方面，中注协的约谈如果能够提示或警醒被约谈事务所追加年报审计程序，获取更多的审计证据以降低审计风险，其对应的审计过程会显著加长。本书以年报审计延迟和审计费用衡量审计过程，于是，假说 H3 可以细化为如下两个具体的假说。

H3a：在其他条件相同的情况下，被约谈事务所的审计延迟与未被约谈的事务所设计延迟相比要长。

H3b：在其他条件相同的情况下，被约谈事务所的审计费用与未被约谈事务所的审计费用相比要少。

4.3　本章小结

本章从监管理论的视角阐述中注协的年报审计约谈为什么能对事务所的

审计决策产生影响。管制经济学理论认为，证券市场有四种控制机制，即市场机制、诉讼机制、监管机制和国有化机制。由于我国证券市场成立时间不长，发展有限，明显表现为监管机制替代了市场机制和诉讼机制，且我国会计师事务所挂靠式脱钩改制，即事务所的国有化低效。从理论和现实层面，都表明监管机制对证券审计市场发挥重要作用。具体到中注协约谈年报审计事务所，本书认为中注协作为行业自律监管方，对被约谈事务所形成了监管压力，这种监管压力预期会影响事务所的审计决策。

基于中注协的行业自律特性，关于上市公司年报审计约谈事务所，一方面可能会发挥监管作用，表现为会影响被约谈事务所的审计行为；另一方面因谈话提示作用有限，难以对被约谈事务所产生明显效果。因此，本章以原假设的方式提出研究假说，在其他条件相同的情况下，被约谈事务所的审计结果（过程）与未被约谈事务所的审计结果（过程）没有显著差异。

第 5 章　中注协约谈监管对年报审计结果影响的实证检验

5.1　研究设计

5.1.1　模型设计与变量定义

本书选择用财务报表重述衡量审计质量，为了检验假说 H2a，参考何等（He et al.，2017）的研究模型，本书的模型（5-1）设计如下：

$$Restate = a_0 + a_1 Warn + a_2 Size + a_3 Lev + a_4 ROA + a_5 Rec + a_6 Inv$$
$$+ a_7 Loss + a_8 Growth + a_9 CFO + a_{10} SOE + a_{11} Age$$
$$+ \sum Year + \sum Industry + \varepsilon \qquad (5-1)$$

模型（5-1）中的被解释变量 Restate 为财务报表重述哑变量，当公司进行财务报表重述时，取值为 1，否则取为 0；主要解释变量 Warn 为会计师事务所是否被中注协约谈的哑变量，当事务所在上市公司年报审计期间被中注协约谈了，则取值为 1，否则取 0。本书预期事务所约谈（Warn）变量符号为正。为了控制公司特征对财务报表重述的影响，本书加入了一系列的控制变量，公司规模（Size）、财务杠杆（Lev）、总资产收益率（ROA）、应收账款比例（Rec）、存货比例（Inv）、亏损状态（Loss）、公司成长性（Growth）、经营活动现金流比例（CFO）、实际控制人性质（SOE）、公司上市年限（Age）。模型（5-1）还控制了年度和行业固定效应。

为了检验假说 H2b，参考吴溪等（2018）的研究模型，本书的模型（5-2）设计如下：

$$Switch = \beta_0 + \beta_1 Warn + \beta_2 Size + \beta_3 Lev + \beta_4 ROA + \beta_5 Rec + \beta_6 Inv$$
$$+ \beta_7 Cur + \beta_8 Growth + \beta_9 Loss + \beta_{10} Age + \beta_{11} SOE + \beta_{12} CFO$$
$$+ \beta_{13} Lagopin + \sum Year + \sum Industry + \varepsilon \qquad (5-2)$$

模型（5-2）的被解释变量 Switch 为会计师事务所变更，当年报审计事务所发生变更取值为1，否则取0；主要解释变量 Warn 为会计师事务所是否被中注协约谈的哑变量，当事务所在上市公司年报审计期间被中注协约谈了取值为1，否则取0。本书预期事务所约谈（Warn）变量符号为正。借鉴以往事务所变更的研究文献（Lennox，2000；王春飞等，2016），模型（5-2）中还加入的控制变量有，公司规模（Size）、财务杠杆（Lev）、总资产收益率（ROA）、应收账款比例（Rec）、存货比例（Inv）、流动比率（Cur）、公司成长性（Growth）、亏损状态（Loss）、公司上市年限（Age）、实际控制人性质（SOE）、经营活动现金流比例（CFO）、事务所规模（BigN）、上年度审计意见类型（Lagopin）。模型（5-2）还控制了年度和行业固定效应。

模型（5-1）和模型（5-2）各变量具体定义如表5-1所示。

表5-1　　　　　　　　　　　变量及其定义

变量名称	变量符号	具体计算说明
审计质量	Restate	哑变量，当公司进行财务报表重述时，取值为1，否则取为0
事务所变更	Switch	哑变量，当年报审计事务所发生变更取值为1，否则取0
事务所约谈	Warn	哑变量，当事务所在上市公司年报审计期间被中注协约谈时取值为1，否则取0
公司规模	Size	年末总资产的自然对数
财务杠杆	Lev	年末总负债与总资产之比
总资产收益率	ROA	净利润与年末总资产之比
亏损状态	Loss	哑变量，净利润为负时取值为1，否则取0
实际控制人性质	SOE	哑变量，当公司实际控制人为政府或国有企业时取值为1，否则取0
事务所规模	BigN	哑变量，中注协综合排名前十取值为1，否则取0

变量名称	变量符号	具体计算说明
应收账款比例	Rec	应收账款除以当年总资产
存货比例	Inv	存货除以当年总资产
流动比率	Cur	流动资产除以流动负债
公司成长性	Growth	当年营业收入减去上年营业收入再除以上年营业收入
公司上市年限	Age	公司上市年限取自然对数
经营活动现金流比例	CFO	经营活动现金净流量除以当年总资产
上年度审计意见类型	Lagopin	哑变量,上年审计意见为无保留意见取值为0,否则取1

5.1.2 样本选择与数据来源

本研究需要识别上市公司年报审计期间某家会计师事务所是否被中注协约谈,根据中注协官方网站发布,本书取得了2011～2018年上市公司年报审计被约谈事务所的具体信息,为此本书的样本期间为2011～2018年。尽管在2010年上市公司年报审计期间,中注协约谈了11家会计师事务所,但由于未公布具体被约谈事务所的名单,故2010年无法作为样本期间。2019年上市公司年报审计期间,尽管中注协对年报审计事务所有约谈,但遇新冠肺炎疫情特殊影响,故2019年也未作为样本期间。

剔除金融行业和变量取值缺失观测后,得到2011～2018年的19481个公司年度观测值。为排除极端值的影响,连续变量在1%和99%分位数上进行了Winsorize缩尾处理。财务报表重述、事务所变更和其他财务数据来自国泰安(CSMAR)数据库,事务所被约谈数据来自中注协官网手工搜集。

5.2 实证检验

5.2.1 描述性统计分析

表5-2报告了模型(5-1)混合样本的描述性统计结果。从表5-2中

可以看出，事务所约谈变量（Warn）中位数为 1，说明样本期间至少有一半的样本被约谈过；财务报表重述（Restate）变量中位数为 0，说明样本期间至少有 1/2 的样本没有发生报表重述。

表 5 - 2　　　　　　　　模型（5 - 1）变量的描述性统计

变量	样本量	均值	标准差	最小值	中位数	最大值
Restate	19481	0.269	0.443	0	0	1
Warn	19481	0.585	0.493	0	1	1
Size	19481	22.17	1.287	19.535	22.002	26.045
Lev	19481	0.439	0.213	0.051	0.432	0.929
ROA	19481	3.934	6.231	−22.584	3.675	23.22
Rec	19481	0.119	0.104	0	0.095	0.469
Inv	19481	0.154	0.143	0	0.117	0.725
Loss	19481	0.101	0.302	0	0	1
Growth	19481	0.156	0.342	−0.549	0.106	1.827
CFO	19481	0.039	0.071	−0.184	0.039	0.24
SOE	19481	0.376	0.484	0	0	1
Age	19481	2.156	0.795	0	2.303	3.367

表 5 - 3 报告了模型（5 - 2）混合样本的描述性统计结果。从表 5 - 3 中可以看出，事务所约谈变量（Warn）中位数为 1，说明样本期间至少有一半的样本被约谈过；事务所变更（Auditchange）变量中位数为 0，说明样本期间至少有一半的样本没有发生事务所变更。

表 5 - 3　　　　　　　　模型（5 - 2）变量的描述性统计

变量	样本量	均值	标准差	最小值	中位数	最大值
Auditchange	19481	0.14	0.347	0	0	1
Warn	19481	0.585	0.493	0	1	1
Size	19481	22.17	1.287	19.535	22.002	26.045
Lev	19481	0.439	0.213	0.051	0.432	0.929

续表

变量	样本量	均值	标准差	最小值	中位数	最大值
ROA	19481	3.934	6.231	-22.584	3.675	23.22
Rec	19481	0.119	0.104	0	0.095	0.469
Inv	19481	0.154	0.143	0	0.117	0.725
Cur	19481	2.373	2.502	0.287	1.615	17.532
Growth	19481	0.156	0.342	-0.549	0.106	1.827
Loss	19481	0.101	0.302	0	0	1
Age	19481	2.156	0.795	0	2.303	3.367
SOE	19481	0.376	0.484	0	0	1
CFO	19481	0.039	0.071	-0.184	0.039	0.240
Lagopin	19481	0.032	0.175	0	0	1

表 5-4 列出了模型（5-1）中被约谈组和未被约谈组变量的差异分析结果。从表 5-4 中可以看出，被约谈事务所与未被约谈事务所在财务报表重述（Restate）上，均值和中位数都没有显著差异。均值和中位数都有显著差异的变量为公司规模（Size）、应收账款占比（Rec）、亏损状态（Loss）、实际控制人性质（SOE）。只是中位数有显著差异的变量有公司财务杠杆（Lev）和公司上市年限（Age）。都没有显著差异的变量还有总资产收益率（ROA）、存货占比（Inv）和经营活动现金净流量占比（CFO）。

表 5-4   **模型（5-1）均值单变量分析**

变量	未被约谈组			被约谈组			均值差异	中位数差异
	样本量	均值	中位数	样本量	均值	中位数		
Restate	8084	0.263	0.000	11397	0.273	0.000	-0.010	2.566
Size	8084	22.213	22.030	11397	22.139	21.981	0.074 ***	5.306 **
Lev	8084	0.442	0.439	11397	0.438	0.428	0.005	4.912 **
ROA	8084	3.945	3.689	11397	3.925	3.670	0.020	0.044
Rec	8084	0.117	0.092	11397	0.120	0.097	-0.003 *	10.010 ***
Inv	8084	0.154	0.117	11397	0.153	0.116	0.001	0.581

续表

变量	未被约谈组			被约谈组			均值差异	中位数差异
	样本量	均值	中位数	样本量	均值	中位数		
Loss	8084	0.095	0.000	11397	0.105	0.000	-0.010**	5.697**
Growth	8084	0.158	0.112	11397	0.154	0.102	0.005	10.839***
CFO	8084	0.039	0.039	11397	0.039	0.039	-0.000	0.626
SOE	8084	0.387	0.000	11397	0.368	0.000	0.019***	7.088***
Age	8084	2.154	2.303	11397	2.157	2.303	-0.003	6.004**

注："*""**""***"分别表示 0.10、0.05、0.01 的统计显著水平。

表 5-5 列出了模型（5-2）中被约谈组和未被约谈组变量的差异分析结果。从表 5-5 可以看出，被约谈事务所与未被约谈事务所在事务所变更上，无论均值还是中位数，都存在显著差异，其他两项也都显著差异的变量有公司规模（Size）、应收账款占比（Rec）、亏损状态（Loss）、实际控制人性质（SOE）。只有中位数显著差异的变量有公司财务杠杆（Lev）、流动比率（Cur）、公司成长性（Growth）和公司上市年限（Age）。均值和中位数均没有显著差异的变量为总资产收益率（ROA）、存货占比（Inv）、经营活动现金净流量占比（CFO）和上年审计意见类型（Lagopin）。

表 5-5　　　　　　　　　　模型（5-2）单变量分析

变量	未被约谈组			被约谈组			均值差异	中位数差异
	样本量	均值	中位数	样本量	均值	中位数		
Auditchange	8084	0.119	0.000	11397	0.156	0.000	-0.037***	53.008***
Size	8084	22.213	22.030	11397	22.139	21.981	0.074***	5.306**
Lev	8084	0.442	0.439	11397	0.438	0.428	0.005	4.912**
ROA	8084	3.945	3.689	11397	3.925	3.670	0.020	0.044
Rec	8084	0.117	0.092	11397	0.120	0.097	-0.003*	10.010***
Inv	8084	0.154	0.117	11397	0.153	0.116	0.001	0.581
Cur	8084	2.342	1.577	11397	2.395	1.631	-0.053	8.764***
Growth	8084	0.158	0.112	11397	0.154	0.102	0.005	10.839***
Loss	8084	0.095	0.000	11397	0.105	0.000	-0.010**	5.697**
Age	8084	2.154	2.303	11397	2.157	2.303	-0.003	6.004**

变量	未被约谈组			被约谈组			均值差异	中位数差异
	样本量	均值	中位数	样本量	均值	中位数		
SOE	8084	0.387	0.000	11397	0.368	0.000	0.019 ***	7.088 ***
CFO	8084	0.039	0.039	11397	0.039	0.039	− 0.000	0.626
Lagopin	8084	0.031	0.000	11397	0.032	0.000	− 0.001	0.303

注："＊""＊＊""＊＊＊"分别表示 0.10、0.05、0.01 的统计显著水平。

5.2.2 检验结果与分析

表5-6报告了模型（5-1）各变量之间的相关性，其中，因变量与自变量除了公司规模（Size）之外都显著相关，其因变量操控性应计利润（DA）与主要解释变量事务所约谈（Warn）显著正相关，说明事务所被约谈后其审计质量有显著提高，这一结论初步证实假说 H2a，当然更稳健的结果还需后面进一步的回归分析。部分自变量之间相关系数显著，例如，事务所约谈（Warn）与公司规模（Size）、实际控制人性质（SOE）之间显著负相关，说明公司规模越大，或者政府与国有控股的公司，其审计的事务所被约谈越少；而事务所约谈（Warn）与亏损状态（Loss）、事务所规模（BigN）之间显著正相关，说明处于亏损状态的，或前十大事务所审计的公司，其审计的事务所被约谈多。

表5-7报告了模型（5-2）各变量之间的相关性，其中，因变量与自变量除了应收账款占比（Rec）、存货占比（Inv）、流动比率（Cur）、公司成长性（Growth）外，其他都显著相关，其因变量事务所变更（Switch）与主要解释变量事务所约谈（Warn）显著正相关，说明事务所被约谈后更容易发生事务所变更。这一结论初步证实假说 H2b，当然更稳健的结果还需后面进一步的回归分析。部分自变量之间相关系数显著，例如，事务所约谈（Warn）与公司规模（Size）、实际控制人性质（SOE）之间显著负相关，说明公司规模越大，或者政府与国有控股的公司，其审计的事务所被约谈越少；而事务所约谈（Warn）与应收账款占比（Rec）、亏损状态（Loss）、事务所规模（BigN）之间显著正相关，说明公司应收账款越多、处于亏损状态的公司、前十大事务所审计的公司，其审计的事务所被约谈越多。

表 5 - 6a　　　　　　　　　　　模型（5 - 1）变量 Pearson 相关系数矩阵

变量	(1)	(2)	(3)	(4)	(5)	(6)	(7)	(8)	(9)	(10)	(11)	(12)
(1) Restate	1.000											
(2) Warn	0.011 (0.109)	1.000										
(3) Size	-0.042* (0.000)	-0.028* (0.000)	1.000									
(4) Lev	0.041* (0.000)	-0.011 (0.140)	0.478* (0.000)	1.000								
(5) ROA	-0.052* (0.000)	-0.002 (0.827)	-0.003 (0.721)	-0.360* (0.000)	1.000							
(6) Rec	0.014 (0.058)	0.C13 (0.777)	-0.189* (0.000)	-0.022* (0.003)	0.016* (0.028)	1.000						
(7) Inv	-0.010 (0.177)	-0.003 (0.646)	0.122* (0.000)	0.305* (0.000)	-0.081* (0.000)	-0.107* (0.000)	1.000					
(8) Loss	0.051* (0.000)	0.017* (0.017)	-0.065* (0.000)	0.201* (0.000)	-0.552* (0.000)	-0.030* (0.000)	-0.007 (0.313)	1.000				

续表

变量	(1)	(2)	(3)	(4)	(5)	(6)	(7)	(8)	(9)	(10)	(11)	(12)
(9) Growth	0.020* (0.006)	-0.007 (0.358)	0.008 (0.246)	-0.023* (0.001)	0.211* (0.000)	0.072* (0.000)	0.006 (0.379)	-0.200* (0.000)	1.000			
(10) CFO	-0.044* (0.000)	0.002 (0.753)	0.073* (0.000)	-0.161* (0.000)	0.324* (0.000)	-0.193* (0.000)	-0.218* (0.000)	-0.167* (0.000)	-0.006 (0.402)	1.000		
(11) SOE	-0.039* (0.000)	-0.019* (0.008)	0.357* (0.000)	0.296* (0.000)	-0.102* (0.000)	-0.194* (0.000)	0.043* (0.000)	0.038* (0.000)	-0.135* (0.000)	0.026* (0.000)	1.000	
(12) Age	0.023* (0.001)	0.002 (0.826)	0.363* (0.000)	0.396* (0.000)	-0.223* (0.000)	-0.252* (0.000)	0.142* (0.000)	0.128* (0.000)	-0.110* (0.000)	-0.009 (0.219)	0.439* (0.000)	1.000

注："*""**""***"分别表示0.10、0.05、0.01的统计显著水平。

表 5-6b   模型 (5-1) 变量 Spearman 相关系数矩阵

变量	(1)	(2)	(3)	(4)	(5)	(6)	(7)	(8)	(9)	(10)	(11)	(12)
(1) Restate	1.000											
(2) Warm	0.011	1.000										
(3) Size	-0.034*	-0.024	1.000									

续表

变量	(1)	(2)	(3)	(4)	(5)	(6)	(7)	(8)	(9)	(10)	(11)	(12)
(4) Lev	0.038	-0.012	0.499	1.000								
(5) ROA	-0.059	-0.003	-0.060	-0.410	1.000							
(6) Rec	0.016	0.020	-0.224	-0.094	0.062	1.000						
(7) Inv	-0.002	-0.008	0.031	0.229	-0.113	0.059	1.000					
(8) Loss	0.051	0.017	-0.060	0.184	-0.473	-0.037	-0.002	1.000				
(9) Growth	0.006	-0.025	0.021	-0.046	0.296	0.121	0.001	-0.254	1.000			
(10) CFO	-0.045	-0.000	0.070	-0.149	0.341	-0.180	-0.209	-0.174	0.034	1.000		
(11) SOE	-0.039	-0.019	0.349	0.297	-0.152	-0.231	0.006	0.038	-0.149	0.028	1.000	
(12) Age	0.027	-0.003	0.384	0.386	-0.261	-0.318	0.044	0.118	-0.174	-0.019	0.449	1.000

注："*""**""***"分别表示 0.10、0.05、0.01 的统计显著水平。

表 5 - 7a

模型（5 - 2）变量 Pearson 相关系数矩阵

变量	（1）	（2）	（3）	（4）	（5）	（6）	（7）	（8）	（9）	（10）	（11）	（12）	（13）	（14）
（1）Auditchange	1.000													
（2）Warn	0.052* (0.000)	1.000												
（3）Size	-0.027* (0.000)	-0.028* (0.000)	1.000											
（4）Lev	0.032* (0.000)	-0.011 (0.140)	0.478* (0.000)	1.000										
（5）ROA	-0.040* (0.000)	-0.002 (0.827)	-0.003 (0.721)	-0.360* (0.000)	1.000									
（6）Rec	0.001 (0.910)	0.013 (0.077)	-0.189* (0.000)	-0.022* (0.003)	0.016* (0.028)	1.000								
（7）Inv	-0.002 (0.824)	-0.003 (0.646)	0.122* (0.000)	0.305* (0.000)	-0.081* (0.000)	-0.107* (0.000)	1.000							
（8）Cur	0.008 (0.283)	0.010 (0.144)	-0.331* (0.000)	-0.630* (0.000)	0.221* (0.000)	0.002 (0.828)	-0.091* (0.000)	1.000						
（9）Growth	0.002 (0.791)	-0.007 (0.358)	0.008 (0.246)	-0.023* (0.001)	0.211* (0.000)	0.072* (0.000)	0.006 (0.379)	-0.012 (0.088)	1.000					

续表

变量	(1)	(2)	(3)	(4)	(5)	(6)	(7)	(8)	(9)	(10)	(11)	(12)	(13)	(14)
(10) Loss	0.032* (0.000)	0.017* (0.017)	-0.065* (0.000)	0.201* (0.000)	-0.552* (0.000)	-0.030* (0.000)	-0.007 (0.313)	-0.106* (0.000)	-0.200* (0.000)	1.000				
(11) Age	0.025* (0.000)	0.002 (0.826)	0.363* (0.000)	0.396* (0.000)	-0.223* (0.000)	-0.252* (0.000)	0.142* (0.000)	-0.323* (0.000)	-0.110* (0.000)	0.128* (0.000)	1.000			
(12) SOE	0.049* (0.000)	-0.019* (0.038)	0.357* (0.000)	0.296* (0.000)	-0.102* (0.000)	-0.194* (0.000)	0.043* (0.000)	-0.216* (0.000)	-0.135* (0.000)	0.038* (0.000)	0.439* (0.000)	1.000		
(13) CFO	-0.033* (0.000)	0.032 (0.753)	0.073* (0.000)	-0.161* (0.000)	0.324* (0.000)	-0.193* (0.000)	-0.218* (0.000)	0.020* (0.006)	-0.006 (0.402)	-0.167* (0.000)	-0.009 (0.219)	0.026* (0.000)	1.000	
(14) Lagopin	0.077* (0.000)	0.004 (0.582)	-0.107* (0.000)	0.154* (0.000)	-0.168* (0.000)	-0.036* (0.000)	-0.013 (0.062)	-0.068* (0.000)	-0.029* (0.000)	0.167* (0.000)	0.114* (0.000)	0.007 (0.342)	-0.083* (0.000)	1.000

注:"*""**""***"分别表示0.10、0.05、0.01的统计显著水平。

表5-7b 模型(5-2)变量Spearman相关系数矩阵

变量	(1)	(2)	(3)	(4)	(5)	(6)	(7)	(8)	(9)	(10)	(11)	(12)	(13)	(14)
(1) Auditchange	1.000													
(2) Warn	0.052	1.000												
(3) Size	-0.027	-0.024	1.000											

续表

变量	(1)	(2)	(3)	(4)	(5)	(6)	(7)	(8)	(9)	(10)	(11)	(12)	(13)	(14)
(4) Lev	0.031	-0.012	0.499	1.000										
(5) ROA	-0.041	-0.003	-0.060	-0.410	1.000									
(6) Rec	-0.006	0.020	-0.224	-0.094	0.062	1.000								
(7) Inv	-0.015	-0.008	0.031	0.229	-0.113	0.059	1.000							
(8) Cur	-0.020	0.020	-0.413	-0.790	0.379	0.193	0.055	1.000						
(9) Growth	-0.008	-0.025	0.021	-0.046	0.296	0.121	0.001	0.076	1.000					
(10) Loss	0.032	0.017	-0.060	0.184	-0.473	-0.037	-0.002	-0.191	-0.254	1.000				
(11) Age	0.023	-0.003	0.384	0.386	-0.261	-0.318	0.044	-0.358	-0.174	0.118	1.000			
(12) SOE	0.049	-0.019	0.349	0.297	-0.152	-0.231	0.006	-0.293	-0.149	0.038	0.449	1.000		
(13) CFO	-0.031	-0.000	0.070	-0.149	0.341	-0.180	-0.209	-0.002	0.034	-0.174	-0.019	0.028	1.000	
(14) Lagopin	0.077	0.004	-0.098	0.133	-0.125	-0.048	-0.029	-0.132	-0.070	0.167	0.116	0.007	-0.077	1.000

　　表 5 - 8 报告了模型（5 - 1）基于财务报表重述衡量审计质量的回归结果。从表 5 - 8 中栏（1）可以看出，事务所约谈（Warn）的系数为 - 0.004，不显著，表明中注协对上市公司年报审计事务所的约谈未提高审计质量。

表 5 - 8　　　　　　　　　　　　**模型（5 - 1）回归分析结果**

财务报表重述	（1）全样本	（2）非十大	（3）十大
Warn	- 0.004 （- 0.12）	0.126 ** （2.27）	- 0.043 （- 0.80）
Size	- 0.126 *** （- 7.54）	- 0.118 *** （- 4.49）	- 0.122 *** （- 5.43）
Lev	0.815 *** （7.72）	0.630 *** （4.11）	0.945 *** （6.40）
ROA	- 0.001 （- 0.27）	- 0.009 * （- 1.84）	0.007 （1.48）
Rec	- 0.336 * （- 1.80）	- 0.113 （- 0.41）	- 0.506 ** （- 1.98）
Inv	- 0.555 *** （- 3.52）	- 0.568 ** （- 2.56）	- 0.597 *** （- 2.64）
Loss	0.121 * （1.90）	0.038 （0.40）	0.179 ** （2.08）
Growth	0.229 *** （4.70）	0.192 *** （2.80）	0.257 *** （3.67）
CFO	- 1.175 *** （- 4.55）	- 0.911 ** （- 2.46）	- 1.379 *** （- 3.79）
SOE	- 0.173 *** （- 4.24）	- 0.163 *** （- 2.72）	- 0.178 *** （- 3.17）
Age	0.106 *** （4.06）	0.185 *** （4.60）	0.038 （1.08）
Constant	1.196 *** （3.28）	0.950 * （1.67）	1.129 ** （2.26）
年度效应	控制	控制	控制

续表

财务报表重述	（1）全样本	（2）非十大	（3）十大
行业效应	控制	控制	控制
Pseudo R2	0.022	0.031	0.020
样本量	19481	8527	10954

注："＊""＊＊""＊＊＊"分别表示0.10、0.05、0.01的统计显著水平。

进一步划分事务所规模为十大组和非十大组回归，从栏（2）和栏（3）中可以看出，非十大组的事务所约谈（Warn）系数为0.126，且在5%的水平上显著，而十大组的事务所约谈（Warn）系数不显著，这说明中注协对非十大事务所进行约谈后，其客户的财务报表重述显著增加，表明非十大事务所被中注协约谈后审计质量显著提高，而十大事务所年报审计被约谈后审计质量变化不明显，研究假说H2a得到部分支持。这一结果可能的解释是非十大事务所面临监管压力下，更多地指出了客户财务报表的重大错报，于是财务报表重述增加。

表5-9报告了模型（5-2）事务所变更（Switch）与事务所约谈（Warn）的回归结果。从表5-9中栏（1）可以看出，事务所约谈（Warn）的系数为0.569，在1%的水平上显著，表明中注协对上市公司年报审计事务所进行约谈后事务所更可能发生变更，研究假说H2b得到支持。

表5-9   模型（5-2）回归分析结果

事务所变更	（1）全样本	（2）四大	（3）非四大
Warn	0.569＊＊＊ (12.25)	−0.214 (−0.66)	0.616＊＊＊ (12.69)
Size	−0.023 (−1.05)	−0.205＊＊ (−2.24)	−0.031 (−1.30)
Lev	0.086 (0.53)	0.410 (0.48)	0.082 (0.50)
ROA	−0.010＊＊ (−2.22)	0.009 (0.37)	−0.013＊＊＊ (−2.73)
Rec	0.450＊ (1.86)	−1.327 (−1.10)	0.558＊＊ (2.23)

续表

事务所变更	（1）全样本	（2）四大	（3）非四大
Inv	-0.354 * （-1.73）	2.159 ** （2.07）	-0.454 ** （-2.14）
Cur	0.031 *** （2.93）	0.097 （1.55）	0.027 ** （2.54）
Growth	0.206 *** （3.22）	0.638 * （1.80）	0.195 *** （2.97）
Loss	0.067 （0.79）	-0.050 （-0.11）	0.051 （0.59）
Age	0.140 *** （4.00）	0.111 （0.69）	0.136 *** （3.75）
SOE	0.211 *** （4.03）	0.359 （1.41）	0.202 *** （3.74）
CFO	-0.600 * （-1.80）	2.064 （1.11）	-0.753 ** （-2.20）
Lagopin	0.813 *** （7.85）	0.407 （0.46）	0.827 *** （7.83）
Cons	1.764 *** （-3.65）	2.069 （0.84）	-1.528 *** （-2.94）
年度效应	控制	控制	控制
行业效应	控制	控制	控制
Pseudo R2	0.072	0.068	0.080
样本量	19481	1031	18434

注：" * "" ** "" *** "分别表示0.10、0.05、0.01的统计显著水平。

进一步划分事务所规模为四大组和非四大组回归，从栏（2）和栏（3）中可以看出，非四大组的事务所约谈（Warn）的系数为0.616，且在1%的水平上显著，说明中注协对非四大事务所进行约谈后，其更容易发生变更，而四大事务所被约谈后，事务所变更结果不显著。即事务所被中注协约谈后，主要是非四大所发生了事务所变更。这一结果可能的解释是四大对中注协约谈的风险主题已经有所关注，即便没有中注协的风险提示，它们也已经将审计风险控制在可以接受的低水平，从而后续没有更多的事务所变更发生。而非四大事务所一旦被中注协约谈后，因监管压力明显加大，其防范审计风险的一个方案是放弃高风险客户，从而发生较多的事务所变更。

5.3 稳健性检验

（1）考虑到2015年上市公司年报审计事务所都被约谈了，因而将其从混合样本中删除。模型（5-1）、模型（5-2）回归分析的结果分别如表5-10、表5-11所示。

表5-10　　　　　模型（5-1）剔除2015年样本后的回归分析结果

财务报表重述	（1）全样本	（2）非十大	（3）十大
Warn	-0.002 (-0.06)	0.125 ** (2.26)	-0.039 (-0.73)
Size	-0.123 *** (-6.88)	-0.123 *** (-4.38)	-0.115 *** (-4.83)
Lev	0.818 *** (7.26)	0.628 *** (3.84)	0.961 *** (6.08)
ROA	-0.001 (-0.32)	-0.011 ** (-2.04)	0.008 (1.67)
Rec	-0.363 * (-1.81)	-0.204 (-0.69)	-0.490 ** (-1.78)
Inv	-0.620 *** (-3.68)	-0.673 ** (-2.84)	-0.614 ** (-2.53)
Loss	0.151 ** (2.21)	0.075 (0.73)	0.198 ** (2.13)
Growth	0.187 *** (3.52)	0.137 * (1.82)	0.231 *** (3.04)
CFO	-1.110 *** (-4.03)	-0.851 ** (-2.16)	-1.315 *** (-3.39)
SOE	-0.173 *** (-3.96)	-0.159 ** (-2.50)	-0.182 *** (-3.02)
Age	0.140 *** (5.01)	0.230 *** (4.90)	0.081 ** (2.16)

续表

财务报表重述	(1) 全样本	(2) 非十大	(3) 十大
Constant	1.098 *** (2.83)	1.060 * (1.76)	0.397 * (1.76)
年度效应	控制	控制	控制
行业效应	控制	控制	控制
Pseudo R2	0.024	0.034	0.020
样本量	17078	7536	10954

注:" * "" ** "" *** "分别表示 0.10、0.05、0.01 的统计显著水平。

表 5 - 10 报告了模型 (5 - 1) 剔除 2015 年年报审计事务所被约谈的样本后的回归结果。从表 5 - 10 可以看出,事务所约谈 (Warn) 的系数为 -0.002,不显著,表明中注协对上市公司年报审计事务所的约谈未提高审计质量。进一步划分事务所规模为十大组和非十大组回归,从栏 (2) 和栏 (3) 中可以看出,非十大组的事务所约谈 (Warn) 系数为 0.125,且在 5% 的水平上显著,而十大组的事务所约谈 (Warn) 系数不显著。其结果与主回归的一致。

表 5 - 11　　　模型 (5 - 2) 剔除 2015 年样本后的回归分析结果

事务所变更	(1) 全样本	(2) 四大	(3) 非四大
Warn	0.572 *** (12.30)	-0.230 (-0.71)	0.615 *** (12.68)
Size	0.001 (0.04)	-0.149 ** (-1.54)	-0.005 (-0.20)
Lev	-0.049 (-0.29)	0.189 (0.21)	-0.044 (-0.25)
ROA	-0.012 ** (-2.55)	0.022 (0.85)	-0.015 *** (-3.09)
Rec	0.519 ** (2.03)	-1.949 (-1.44)	0.665 ** (2.52)
Inv	-0.456 ** (-2.10)	1.450 (1.26)	-0.519 ** (-2.31)

事务所变更	(1) 全样本	(2) 四大	(3) 非四大
Cur	0. 249 ** (2. 25)	0. 094 (1. 22)	0. 022 ** (1. 99)
Growth	0. 176 ** (2. 55)	0. 645 * (1. 65)	0. 166 ** (2. 53)
Loss	0. 069 (0. 76)	0. 053 (0. 10)	0. 051 (0. 55)
Age	0. 118 *** (3. 23)	0. 197 (1. 12)	0. 110 *** (2. 94)
SOE	0. 207 *** (3. 76)	0. 304 (1. 10)	0. 201 *** (3. 54)
CFO	- 0. 719 ** (-2. 05)	0. 618 (0. 30)	- 0. 806 ** (-2. 24)
Lagopin	0. 844 *** (7. 70)	- 0. 089 (-0. 08)	0. 871 *** (7. 80)
Cons	- 2. 192 *** (-4. 30)	0. 915 (0. 35)	- 2. 015 *** (-3. 67)
年度效应	控制	控制	控制
行业效应	控制	控制	控制
Pseudo R2	0. 075	0. 070	0. 084
样本量	17078	901	16161

注：" * "" ** "" *** "分别表示 0. 10、0. 05、0. 01 的统计显著水平。

表 5 - 11 报告了模型（5 - 2）剔除 2015 年年报审计事务所被约谈的样本后的回归结果。从表 5 - 11 中栏（1）可以看出，事务所约谈（Warn）的系数为 0. 572，在 1% 的水平上显著，表明中注协对上市公司年报审计事务所进行约谈后事务所更可能发生变更。进一步划分事务所规模为四大组和非四大组回归，从栏（2）和栏（3）中可以看出，非四大组的事务所约谈（Warn）的系数为 0. 615，且在 1% 的水平上显著。本书的研究结论依然成立。

（2）为了降低约谈事务所客户与未被约谈事务所客户之间的特征差异影响，本书对约谈事务所和未被约谈事务所进行了倾向得分匹配（propensity score matching，PSM）。本书从企业规模、企业负债率、企业盈利能力、企业成长性、企业亏损状态等角度选取了约谈事务所相关的变量进行倾向得分最近

邻匹配。经 PSM 匹配后实验组和控制组系数显著为正，具体结果如表 5 – 12 和
表 5 – 13 所示。本书的研究结论依然成立。

表 5 – 12　　　　被约谈对事务所变更影响的稳健性检验（PSM）

| 变量 | 均值 | | | t 检验 | | V（T）/ |
	Treated	Control	bias	t	p > t	V（C）
Size	22. 191	22. 221	− 2. 3	− 1. 47	0. 142	0. 92 *
Lev	0. 44105	0. 44309	− 1. 0	− 0. 61	0. 542	1. 01
ROA	3. 9639	3. 9393	0. 4	0. 25	0. 804	0. 98
Rec	0. 11876	0. 11696	1. 7	1. 09	0. 276	0. 95 *
Inv	0. 1523	0. 15394	− 1. 1	− 0. 73	0. 466	0. 99
Cur	2. 3579	2. 3209	1. 5	0. 95	0. 340	1. 00
Loss	0. 0942	0. 09533	− 0. 4	− 0. 24	0. 808	
Growth	0. 16666	0. 157	2. 9	1. 83	0. 067	1. 04
Age	2. 1645	2. 1658	− 0. 2	− 0. 11	0. 915	0. 99
CFO	0. 0388	0. 03947	− 0. 9	− 0. 60	0. 551	0. 99
SOE	0. 38083	0. 38911	− 1. 7	− 1. 07	0. 283	
Lagopin	0. 03086	0. 03098	− 0. 1	− 0. 05	0. 964	

注："*""**""***"分别表示0. 10、0. 05、0. 01 的统计显著水平。

表 5 – 13　　　　模型（5 – 2）PSM 的评价处理效应

变量	样本	实验组	控制组	差异	标准差	T 值
Auditchange	匹配前	0. 1703358	0. 1188768	0. 0514590	0. 0053973	9. 53 ***
	匹配后	0. 1832014	0. 1188767	0. 0643246	0. 0056099	11. 47 ***

注："*""**""***"分别表示0. 10、0. 05、0. 01 的统计显著水平。

5.4　本章小结

本章从审计结果的角度，考察了在上市公司年报审计期间，中注协约谈
对事务所客户财务报表重述和事务所变更两方面的影响。利用 2011 ~ 2018 年
年报审计约谈数据，通过回归分析发现，中注协约谈非十大会计师事务所对
被约谈事务所客户的财务报表重述产生显著影响，但中注协约谈对十大事务
所审计客户的财务报表重述影响不显著，该结果表明中注协的年报审计约谈

对非十大事务所的审计质量提高有影响；中注协约谈对事务所变更产生显著影响。进一步分组检验发现，中注协的年报审计约谈主要是对非四大会计师事务所变更的影响显著，该结果表明中注协的年报审计约谈对非四大事务所的客户组合有影响。剔除2015年事务所全约谈样本后的数据显示，上述结果依然存在，利用倾向得分匹配（PSM）法，降低约谈事务所客户与未被约谈事务所客户之间的特征差异影响，上述研究结论依然成立。以上结论表明中注协约谈对审计结果产生了影响，即中注协的年报审计约谈对会计师事务所发挥了警示提醒的预防性监管作用。

第6章 中注协约谈监管对年报审计过程影响的实证检验

6.1 研究设计

6.1.1 模型设计与变量定义

为了检验假说 H3a，参考李明辉和刘笑霞（2012）的研究模型，本书的模型（6-1）设计如下：

$$
\begin{aligned}
\text{ARL} = &\ \gamma_0 + \gamma_1 \text{Warn} + \gamma_2 \text{Size} + \gamma_3 \text{Lev} + \gamma_4 \text{ROA} + \gamma_5 \text{Rec} + \gamma_6 \text{Inv} \\
&+ \gamma_7 \text{Cur} + \gamma_8 \text{Growth} + \gamma_9 \text{Loss} + \gamma_{10} \text{CFO} + \gamma_{11} \text{Age} + \gamma_{12} \text{SOE} \\
&+ \gamma_{13} \text{Opin} + \sum \text{Year} + \sum \text{Industry} + \varepsilon \quad\quad (6-1)
\end{aligned}
$$

模型（6-1）的被解释变量 ARL 为审计延迟，主要解释变量 Warn 为会计师事务所是否被中注协约谈的哑变量，当事务所在上市公司年报审计期间被中注协约谈了取值为 1，否则取 0。本书预期事务所约谈（Warn）变量符号为正。借鉴以往审计延迟的研究文献（Ettredge et al.，2006；张国清，2010；刘笑霞等，2017），模型（6-1）中还加入的控制变量有公司规模（Size）、财务杠杆（Lev）、总资产收益率（ROA）、应收账款比例（Rec）、存货比例（Inv）、流动比率（Cur）、公司成长性（Growth）、亏损状态（Loss）、经营活动现金流比例（CFO）、公司上市年限（Age）、实际控制人性质（SOE）、事务所规模（BigN）、审计意见类型（Opin）。模型（6-1）

还控制了年度和行业固定效应。

为了检验假说 H3b，参考刘启亮等（2014）研究模型，本书的模型（6-2）设计如下：

$$\begin{aligned}
\text{Auditfee} = {} & \lambda_0 + \lambda_1 \text{Warn} + \lambda_2 \text{Size} + \lambda_3 \text{Lev} + \lambda_4 \text{ROA} + \lambda_5 \text{Rec} + \lambda_6 \text{Inv} + \lambda_7 \text{Cur} \\
& + \lambda_8 \text{Growth} + \lambda_9 \text{Loss} + \lambda_{10} \text{CFO} + \lambda_{11} \text{Age} + \lambda_{12} \text{SOE} \\
& + \lambda_{13} \text{Opin} + \lambda_{14} \text{Switch} + \sum \text{Year} + \sum \text{Industry} + \varepsilon \qquad (6-2)
\end{aligned}$$

模型（6-2）的被解释变量 Auditfee 为审计费用，主要解释变量 Warn 为会计师事务所是否被中注协约谈的哑变量，当事务所在上市公司年报审计期间被中注协约谈了取值为 1，否则取 0。本书预期事务所约谈（Warn）变量符号为负。借鉴以往审计费用的研究文献（Wang et al.，2008；褚剑等，2018），模型（6-2）中还加入的控制变量有公司规模（Size）、财务杠杆（Lev）、总资产收益率（ROA）、应收账款比例（Rec）、存货比例（Inv）、流动比率（Cur）、公司成长性（Growth）、亏损状态（Loss）、经营活动现金流比例（CFO）、公司上市年限（Age）、实际控制人性质（SOE）、事务所规模（BigN）、审计意见类型（Opin）、事务所变更（Switch）。模型（6-1）还控制了年度和行业固定效应。

模型（6-1）和模型（6-2）各变量具体定义如表 6-1 所示

表 6-1 变量及其定义

变量名称	变量符号	具体计算说明
审计延迟	ARL	审计报告披露日与会计年度结束日之间的日历间隔的自然对数
审计费用	Auditfee	审计费用的自然对数
事务所约谈	Warn	哑变量，当事务所在上市公司年报审计期间被中注协约谈了取值为 1，否则取 0
公司规模	Size	年末总资产的自然对数
财务杠杆	Lev	年末总负债与总资产之比
总资产收益率	ROA	净利润与年末总资产之比
亏损状态	Loss	哑变量，净利润为负时取值为 1，否则取 0

续表

变量名称	变量符号	具体计算说明
实际控制人性质	Soe	哑变量，当公司实际控制人为政府或国有企业时取值为 1，否则取 0
事务所规模	BigN	哑变量，中注协综合排名前十取值为 1，否则取 0
应收账款比例	Rec	应收账款除以当年总资产
存货比例	Inv	存货除以当年总资产
流动比率	Cur	流动资产除以流动负债
公司成长性	Growth	当年营业收入减去上年营业收入再除以上年营业收入
公司上市年限	Age	公司上市年限加 1 后取自然对数
经营活动现金流比例	CFO	经营活动现金净流量除以当年总资产
审计意见	Opin	哑变量，审计意见为无保留意见取值为 0，否则取 1
事务所变更	Switch	哑变量，当年报审计事务所发生变更取值为 1，否则取 0

6.1.2　样本选择与数据来源

本研究需要识别上市公司年报审计期间某家会计师事务所是否被中注协约谈，根据中注协官方网站发布，本书取得了 2011~2018 年上市公司年报审计被约谈事务所的具体信息，为此本书的样本期间为 2011~2018 年。尽管在 2010 年上市公司年报审计期间，中注协约谈了 11 家会计师事务所，但由于未公布具体被约谈事务所的名单，故 2010 年无法作为样本期间。2019 年上市公司年报审计期间，尽管中注协对年报审计事务所有约谈，但遇新冠肺炎疫情特殊影响，故 2019 年也未作为样本期间。

剔除金融行业和变量取值缺失观测后，模型（6-1）得到 2011~2018 年的 19481 个公司年度观测值，模型（6-2）得到 2011~2018 年的 19212 个公司年度观测值。为排除极端值的影响，连续变量在 1% 和 99% 分位数上进行了 Winsorize 缩尾处理。样本数据来自 CSMAR 数据库，事务所被约谈数据来自中注协官网手工搜集。

6.2 实证检验

6.2.1 描述性统计分析

表 6-2 报告了模型（6-1）混合样本的描述性统计结果。从表 6-2 中可以看出，事务所约谈变量（Warn）中位数为 1，说明样本期间至少有一半的样本被约谈过。审计延迟的最小值为 2.303，最大值为 5.493，均值为 4.545，中位数为 4.605。

表 6-2   模型（6-1）变量的描述性统计

变量	样本量	均值	最小值	中位数	最大值
ARL	19481	4.545	2.303	4.605	5.493
Warn	19481	0.585	0	1	1
Size	19481	22.169	19.535	22.002	26.045
Lev	19481	0.439	0.051	0.432	0.929
ROA	19481	3.934	-22.584	3.676	23.22
Rec	19481	0.119	0	0.095	0.469
Inv	19481	0.154	0	0.117	0.725
Cur	19481	2.373	0.287	1.615	17.532
Growth	19481	0.156	-0.549	0.106	1.827
Loss	19481	0.101	0	0	1
CFO	19481	0.039	-0.184	0.039	0.240
Age	19481	2.156	0	2.303	3.367
SOE	19481	0.376	0	0	1
Big4	19481	0.054	0		1
Big10	19481	0.562	0	1	1
Opin	19481	0.037	0	0	1

表 6-3 报告了模型（6-2）混合样本的描述性统计结果。从表 6-3 中

可以看出，事务所约谈变量（Warn）中位数为 1，说明样本期间至少有一半的样本被约谈过。审计费用（Auditfee）的最小值为 2.303，最大值为 15.753，均值为 11.066，中位数为 13.305。

表6-3　　　　　　　　　　模型（6-2）变量的描述性统计

变量	样本量	均值	最小值	中位数	最大值
Auditfee	19212	13.768	9.210	13.653	19.403
Warn	19212	0.585	0	1	1
Size	19212	22.178	19.535	22.011	26.045
Lev	19212	0.440	0.051	0.434	0.929
ROA	19212	3.905	-22.584	3.646	23.22
Rec	19212	0.119	0	0.095	0.469
Inv	19212	0.153	0	0.117	0.725
Cur	19212	2.353	0.287	1.608	17.532
Growth	19212	0.154	-0.549	0.105	1.827
Loss	19212	0.102	0	0	1
CFO	19212	0.040	-0.184	0.039	0.240
Age	19212	2.167	0	2.303	5.408
SOE	19212	0.377	0	0	1
Opin	19212	0.037	0	0	1
Auditchange	19212	0.138	0	0	1

表6-4列出了模型（6-1）中被约谈组和未被约谈组变量的差异分析结果。从表6-4可以看出，被约谈事务所与未被约谈事务所在审计延迟上，无论均值还是中位数，都存在显著差异，其他两项也都显著差异的变量有公司规模（Size）、应收账款占比（Rec）、亏损状态（Loss）、实际控制人性质（Soe）。只有均值显著差异的变量有事务所规模（BigN），只有中位数显著差异的变量有公司财务杠杆（Lev）、流动比率（Cur）和公司成长性（Growth）。均值和中位数均没有显著差异的变量为总资产收益率（ROA）、存货占比（Inv）、经营活动现金净流量占比（CFO）、公司上市年限（Age）。

表 6 – 4   模型 （6 – 1） 单变量分析

变量	被约谈所			未被约谈所			差异	
	样本量	均值	中位数	样本量	均值	中位数	均值检验	中位数检验
ARL	11397	4. 549	4. 615	8084	4. 539	4. 595	− 0. 010 ***	8. 877 ***
Size	11397	22. 139	21. 981	8084	22. 212	22. 030	0. 074 ***	5. 306 **
Lev	11397	0. 438	0. 428	8084	0. 442	0. 439	0. 005	4. 912 **
ROA	11397	3. 925	3. 670	8084	3. 947	3. 690	0. 020	0. 044
Rec	11397	0. 120	0. 097	8084	0. 117	0. 092	− 0. 003 *	10. 010 ***
Inv	11397	0. 153	0. 116	8084	0. 154	0. 117	0. 001	0. 581
Cur	11397	2. 395	1. 631	8084	2. 342	1. 577	− 0. 053	8. 764 ***
Growth	11397	0. 154	0. 102	8084	0. 158	0. 112	0. 005	10. 839 ***
Loss	11397	0. 105	0	8084	0. 095	0	− 0. 010 **	5. 697 **
CFO	11397	0. 039	0. 039	8084	0. 039	0. 039	− 0. 000	0. 626
Age	11397	2. 157	2. 303	8084	2. 154	2. 303	− 0. 003	6. 004 **
SOE	11397	0. 368	0	8084	0. 387	0	0. 019 ***	7. 088 **
Opin	11397	0. 037	0	8084	0. 036	0	− 0. 001	0. 085

注： "＊""＊＊""＊＊＊"分别表示 0. 10、0. 05、0. 01 的统计显著水平。

表 6 – 5 列出了模型 （6 – 2） 中被约谈组和未被约谈组变量的差异分析结果。从表 6 – 5 可以看出，被约谈事务所与未被约谈事务所在审计费用上，无论均值还是中位数，都存在显著差异，其他两项也都显著差异的变量有公司规模 （Size）、应收账款占比 （Rec）、亏损状态 （Loss）、实际控制人性质 （SOE） 和事务所变更 （Switch）。只有均值显著差异的变量有事务所规模 （BigN），只有中位数显著差异的变量有公司财务杠杆 （Lev）、流动比率 （Cur） 和公司成长性 （Growth）。均值和中位数均没有显著差异的变量为总资产收益率 （ROA）、存货占比 （Inv）、经营活动现金净流量占比 （CFO）、公司上市年限 （Age）。

表 6 – 5   模型 （6 – 2） 单变量分析

变量	被约谈所			未被约谈所			差异	
	样本量	均值	中位数	样本量	均值	中位数	均值检验	中位数检验
Auditfee	11240	13. 741	13. 653	7972	13. 806	13. 688	0. 065 ***	5. 116 **
Size	11240	22. 147	21. 990	7972	22. 221	22. 038	0. 074 ***	5. 352 **
Lev	11240	0. 439	0. 429	7972	0. 443	0. 440	0. 004	5. 352 **

变量	被约谈所			未被约谈所			差异	
	样本量	均值	中位数	样本量	均值	中位数	均值检验	中位数检验
ROA	11240	3.906	3.641	7972	3.939	3.659	0.033	0.076
Rec	11240	0.120	0.097	7972	0.117	0.091	-0.003*	9.099***
Inv	11240	0.153	0.116	7972	0.154	0.117	0.001	0.454
Cur	11240	2.375	1.629	7972	2.321	1.572	-0.054	9.819***
Growth	11240	0.152	0.101	7972	0.157	0.112	0.005	12.145***
Loss	11240	0.106	0	7972	0.095	0	-0.011***	5.963***
CFO	11240	0.040	0.039	7972	0.039	0.040	-0.000	0.772
Age	11240	2.168	2.303	7972	2.166	2.303	-0.002	6.050**
SOE	11240	0.370	0	7972	0.389	0	0.019**	6.898**
Opin	11240	0.037	0	7972	0.036	0	-0.001	0.138
Switch	11240	0.153	0	7972	0.119	0	-0.034***	44.806***

注:"*""**""***"分别表示0.10、0.05、0.01的统计显著水平。

6.2.2 检验结果与分析

表6-6报告了模型(6-1)各变量之间的相关性,其中,因变量与自变量除了存货占比(Inv)、公司上市年限(Age)、事务所规模(BigN)之外,其他都显著相关,其因变量审计延迟(ARL)与主要解释变量事务所约谈(Warn)显著正相关,说明事务所被约谈后其客户的审计延迟更长。这一结论初步证实假说H3a,当然更稳健的结果还需后面进一步的回归分析。部分自变量之间相关系数显著,例如,事务所约谈(Warn)与公司规模(Size)、实际控制人性质(SOE)之间显著负相关,表明公司规模越大,或者政府与国有控股的公司,其审计的事务所被约谈越少;而事务所约谈(Warn)与应收账款占比(Rec)、亏损状态(Loss)、事务所规模(BigN)之间显著正相关,说明公司应收账款越多、处于亏损状态的公司、前十大事务所审计的公司,其审计的事务所被约谈越多。

表 6 - 6a

模型 (6-1) 变量 Pearson 相关系数矩阵

变量	(1)	(2)	(3)	(4)	(5)	(6)	(7)	(8)	(9)	(10)	(11)	(12)	(13)	(14)
(1) ARL	1.000													
(2) Yts	0.022* (0.003)	1.000												
(3) Size	0.048* (0.000)	-0.028* (0.000)	1.000											
(4) Lev	0.041* (0.000)	-0.011 (0.140)	0.478* (0.000)	1.000										
(5) ROA	-0.120* (0.000)	-0.002 (0.827)	-0.003 (0.721)	-0.360* (0.000)	1.000									
(6) Rec	0.047* (0.000)	0.013 (0.077)	-0.189* (0.000)	-0.022* (0.003)	0.016* (0.028)	1.000								
(7) Inv	-0.001 (0.879)	-0.003 (0.646)	0.122* (0.000)	0.305* (0.000)	-0.081* (0.000)	-0.107* (0.000)	1.000							
(8) Cur	-0.037* (0.000)	0.010 (0.144)	-0.331* (0.000)	-0.630* (0.000)	0.221* (0.000)	0.002 (0.828)	-0.091* (0.000)	1.000						
(9) Growth	-0.048* (0.000)	-0.007 (0.358)	0.008 (0.246)	-0.023* (0.001)	0.211* (0.000)	0.072* (0.000)	0.006 (0.379)	-0.012 (0.088)	1.000					
(10) Loss	0.105* (0.000)	0.017* (0.017)	-0.065* (0.000)	0.201* (0.000)	-0.552* (0.000)	-0.030* (0.000)	-0.007 (0.313)	-0.106* (0.000)	-0.200* (0.000)	1.000				
(11) CFO	-0.074* (0.000)	0.002 (0.753)	0.073* (0.000)	-0.161* (0.000)	0.324* (0.000)	-0.193* (0.000)	-0.218* (0.000)	0.020* (0.006)	-0.006 (0.402)	-0.167* (0.000)	1.000			
(12) Age	0.002 (0.769)	0.002 (0.826)	0.363* (0.000)	0.396* (0.000)	-0.223* (0.000)	-0.252* (0.000)	0.142* (0.000)	-0.323* (0.000)	-0.110* (0.000)	0.128* (0.000)	-0.009 (0.219)	1.000		
(13) SOE	-0.064* (0.000)	-0.019* (0.008)	0.357* (0.000)	0.296* (0.000)	-0.102* (0.000)	-0.194* (0.000)	0.043* (0.000)	-0.216* (0.000)	-0.135* (0.000)	0.038* (0.000)	0.026* (0.000)	0.439* (0.000)	1.000	
(14) Opin	0.098* (0.000)	0.002 (0.771)	-0.085* (0.000)	0.178* (0.000)	-0.286* (0.000)	-0.024* (0.001)	-0.025* (0.000)	-0.078* (0.000)	-0.065* (0.000)	0.285* (0.000)	-0.108* (0.000)	0.109* (0.000)	-0.019* (0.008)	1.000

注:"*""**""***"分别表示 0.10、0.05、0.01 的统计显著水平。

表6-6b

模型（6-1）变量Spearman相关系数矩阵

变量	(1)	(2)	(3)	(4)	(5)	(6)	(7)	(8)	(9)	(10)	(11)	(12)	(13)	(14)
(1) ARL	1.000													
(2) Warm	0.043	1.000												
(3) Size	0.022	-0.024	1.000											
(4) Lev	0.047	-0.012	0.499	1.000										
(5) ROA	-0.144	-0.003	-0.060	-0.410	1.000									
(6) Rec	0.045	0.020	-0.224	-0.094	0.062	1.000								
(7) Inv	0.001	-0.008	0.031	0.229	-0.113	0.059	1.000							
(8) Cur	-0.042	0.020	-0.413	-0.790	0.379	0.193	0.055	1.000						
(9) Growth	-0.062	-0.025	0.021	-0.046	0.296	0.121	0.001	0.076	1.000					
(10) Loss	0.151	0.017	-0.060	0.184	-0.473	-0.037	-0.002	-0.191	-0.254	1.000				
(11) Age	0.006	-0.003	0.384	0.386	-0.261	-0.318	0.044	-0.358	-0.174	0.118	1.000			
(12) SOE	-0.114	-0.019	0.349	0.297	-0.152	-0.231	0.006	-0.293	-0.149	0.038	0.449	1.000		
(13) CFO	-0.106	-0.000	0.070	-0.149	0.341	-0.180	-0.209	-0.002	0.034	-0.174	-0.019	0.028	1.000	
(14) Opin	0.155	0.002	-0.074	0.154	-0.197	-0.034	-0.039	-0.147	-0.102	0.285	0.110	-0.019	-0.102	1.000

　　表6-7报告了模型（6-2）各变量之间的相关性，其中，因变量与自变量除了公司上市年限（Age）之外，其他都显著相关，其因变量审计费用（Auditfee）与主要解释变量事务所约谈（Warn）显著正相关，说明事务所被约谈后其审计费用显著增加，这一结论初步证实假说 H3b，当然更稳健的结果还需后面进一步的回归分析。部分自变量之间相关系数显著，例如，事务所约谈（Warn）与公司规模（Size）、实际控制人性质（SOE）之间显著负相关，表明公司规模越大，或者政府与国有控股的公司，其审计的事务所被约谈越少；而事务所约谈（Warn）与应收账款占比（Rec）、亏损状态（Loss）、事务所规模（BigN）之间显著正相关，说明公司应收账款越多、处于亏损状态的公司、前十大事务所审计的公司，其审计的事务所被约谈越多。

　　表6-8报告了模型（6-1）审计延迟（ARL）与事务所约谈（Warn）的回归结果。从表6-8中栏（1）可以看出，事务所约谈（Warn）的系数为0.015，在1%的水平上显著，表明中注协约谈上市公司年报审计事务所后，其审计延迟更长，研究假说 H3a 得到支持。这一结果可能的解释为事务所被中注协约谈提示上市公司年报审计风险后，在监管压力的作用下，为将年报审计风险控制在可以接受的低水平，必然追加审计程序，获取更多审计证据，从而审计延迟显著增加。

　　进一步划分事务所规模为四大组和非四大组回归，从栏（2）和栏（3）中可以看出，非四大组的事务所约谈（Warn）系数为0.012，且在1%的水平上显著，而四大组的事务所约谈（Warn）系数不显著，这说明中注协对非四大事务所进行约谈后，审计延迟更长，而四大事务所被约谈后，审计延迟变化不大。即事务所被中注协约谈后，主要是非四大所的审计延迟变长。这一结果可能的解释是四大对中注协约谈的风险主题已经有所关注，即便没有中注协的风险提示，它们也已经将审计风险控制在可以接受的低水平，无须追加审计程序，以获取更多审计证据。而非四大事务所一旦被中注协约谈后，因监管压力明显加大后，其防范审计风险的一个可能的方案是追加审计程序，以获取更多审计证据，从而审计延迟增加。

表 6－7a

模型（6-2）变量 Pearson 相关系数矩阵

变量	(1)	(2)	(3)	(4)	(5)	(6)	(7)	(8)	(9)	(10)	(11)	(12)	(13)	(14)	(15)
(1) Auditfee	1.000														
(2) Warn	-0.044* (0.000)	1.000													
(3) Size	0.756* (0.000)	-0.028* (0.000)	1.000												
(4) Lev	0.351* (0.000)	-0.010 (0.154)	0.475* (0.000)	1.000											
(5) ROA	-0.045* (0.000)	-0.003 (0.715)	0.000 (0.969)	-0.358* (0.000)	1.000										
(6) Rec	-0.106* (0.000)	0.012 (0.090)	-0.189* (0.000)	-0.021* (0.003)	0.014* (0.045)	1.000									
(7) Inv	0.039* (0.000)	-0.003 (0.720)	0.121* (0.000)	0.305* (0.000)	-0.080* (0.000)	-0.107* (0.000)	1.000								
(8) Cur	-0.282* (0.000)	0.011 (0.132)	-0.328* (0.000)	-0.629* (0.000)	0.217* (0.000)	0.003 (0.659)	-0.087* (0.000)	1.000							
(9) Growth	-0.012 (0.091)	-0.008 (0.288)	0.011 (0.114)	-0.021* (0.004)	0.209* (0.000)	0.071* (0.000)	0.006 (0.409)	-0.016* (0.028)	1.000						
(10) Loss	-0.007 (0.367)	0.018* (0.015)	-0.067* (0.000)	0.199* (0.000)	-0.551* (0.000)	-0.029* (0.000)	-0.008 (0.291)	-0.104* (0.000)	-0.200* (0.000)	1.000					
(11) CFO	0.070* (0.000)	0.001 (0.871)	0.071* (0.000)	-0.164* (0.000)	0.327* (0.000)	-0.192* (0.000)	-0.219* (0.000)	0.021* (0.004)	-0.004 (0.602)	-0.169* (0.000)	1.000				
(12) Age	0.276* (0.000)	0.001 (0.847)	0.360* (0.000)	0.391* (0.000)	-0.220* (0.000)	-0.256* (0.000)	0.142* (0.000)	-0.316* (0.000)	-0.106* (0.000)	0.125* (0.000)	-0.017* (0.016)	1.000			
(13) SOE	0.230* (0.000)	-0.019* (0.009)	0.355* (0.000)	0.292* (0.000)	-0.100* (0.000)	-0.194* (0.000)	0.042* (0.000)	-0.213* (0.000)	-0.134* (0.000)	0.035* (0.000)	0.023* (0.001)	0.437* (0.000)	1.000		
(14) Opin	-0.005 (0.519)	0.003 (0.710)	-0.087* (0.000)	0.176* (0.000)	-0.283* (0.000)	-0.023* (0.001)	-0.026* (0.000)	-0.080* (0.000)	-0.065* (0.000)	0.283* (0.000)	-0.107* (0.000)	0.107* (0.000)	-0.022* (0.002)	1.000	
(15) Auditchange	-0.061* (0.000)	0.048* (0.000)	-0.025* (0.000)	0.034* (0.000)	-0.042* (0.000)	0.001 (0.906)	-0.002 (0.759)	0.004 (0.587)	0.001 (0.936)	0.033* (0.000)	-0.032* (0.000)	0.029* (0.000)	0.051* (0.000)	0.049* (0.000)	1.000

注："*""**""***"分别表示 0.10、0.05、0.01 的统计显著水平。

表6-7b 模型（6-2）变量 Spearman 相关系数矩阵

变量	(1)	(2)	(3)	(4)	(5)	(6)	(7)	(8)	(9)	(10)	(11)	(12)	(13)	(14)	(15)
(1) Auditfee	1.000														
(2) Warn	-0.024	1.000													
(3) Size	0.712	-0.024	1.000												
(4) Lev	0.365	-0.012	0.496	1.000											
(5) ROA	-0.069	-0.004	-0.056	-0.408	1.000										
(6) Rec	-0.113	-0.004	-0.225	-0.094	0.062	1.000									
(7) Inv	0.005	0.019	0.030	0.227	-0.112	0.060	1.000								
(8) Cur	-0.330	-0.007	-0.410	-0.787	0.376	0.193	0.059	1.000							
(9) Growth	-0.010	0.020	0.025	-0.043	0.294	0.121	-0.000	0.072	1.000						
(10) Loss	0.005	-0.026	-0.062	0.181	-0.473	-0.036	-0.002	-0.188	-0.254	1.000					
(11) Age	0.325	0.018	0.380	0.382	-0.257	-0.319	0.044	-0.353	-0.170	0.116	1.000				
(12) SOE	0.208	-0.003	0.347	0.294	-0.150	-0.230	0.006	-0.290	-0.147	0.035	0.448	1.000			
(13) CFO	0.067	-0.019	0.068	-0.152	0.343	-0.178	-0.208	0.000	0.038	-0.175	-0.026	0.026	1.000		
(14) Opin	0.007	-0.001	-0.075	0.153	-0.195	-0.033	-0.040	-0.147	-0.101	0.283	0.108	-0.022	-0.101	1.000	
(15) Auditchange	-0.072	0.048	-0.026	0.033	-0.043	-0.006	-0.015	-0.022	-0.009	0.033	0.026	0.051	-0.030	0.049	1.000

表 6-8　　　　　　　　　　模型（6-1）回归分析结果

审计延迟	（1）全样本	（2）非四大	（3）四大
Warn	0.015 *** （4.20）	0.012 *** （3.08）	-0.021 （-1.43）
Size	0.018 *** （10.66）	0.025 *** （13.15）	-0.003 （-0.57）
Lev	-0.028 ** （-2.13）	-0.034 *** （-2.49）	-0.059 （-1.41）
ROA	-0.002 *** （-6.71）	-0.002 *** （-6.58）	-0.003 ** （-2.36）
Rec	0.067 *** （3.48）	0.078 **** （3.90）	-0.171 *** （-2.97）
Inv	0.023 （1.42）	0.019 （1.16）	-0.028 （-0.59）
Cur	-0.001 （-1.57）	-0.001 （-1.58）	0.004 （1.00）
Growth	-0.032 *** （-6.26）	-0.035 *** （-6.57）	0.023 （1.24）
Loss	0.036 *** （5.38）	0.036 *** （5.15）	0.050 ** （2.32）
Age	-0.016 *** （-6.03）	-0.010 *** （-3.71）	-0.011 （-1.36）
SOE	-0.036 *** （-8.74）	-0.032 *** （-7.48）	-0.074 * （-6.19）
CFO	-0.161 *** （-6.06）	-0.148 ** （-5.40）	-0.281 *** （-3.03）
Opin	0.085 *** （8.91）	0.088 *** （8.93）	0.148 *** （3.85）
Cons	4.206 *** （111.23）	4.069 *** （98.45）	4.618 *** （34.50）
年度效应	控制	控制	控制
行业效应	控制	控制	控制
R-squared	0.069	0.071	0.220
样本量	19481	18434	1047

注："*""**""***"分别表示 0.10、0.05、0.01 的统计显著水平。

表 6 - 9 报告了模型（6 - 2）审计费用（Auditfee）与事务所约谈（Warn）的回归结果。从表 6 - 8 中栏（1）可以看出，事务所约谈（Warn）的系数为 - 0.039，在 1% 的水平上显著，表明中注协约谈的事务所其客户审计费用少，研究假说 H3b 得到支持。这一结果可能的解释是中注协约谈的事务所审计收费偏低，过低的审计收费难以覆盖审计必要的成本，而审计项目的成本效益原则容易导致减少必要的审计程序，未能获取充分适当的审计证据，从而其上市公司年报审计风险高。

进一步划分四大组和非四大组回归，从栏（2）和栏（3）中可以看出，四大组的事务所约谈（Warn）的系数为 0.123，且在 5% 的水平上显著，说明中注协对四大事务所进行约谈，其客户的审计费用显著增加，而非四大事务所被约谈后，其审计费用结果不显著。这一结果可能的解释为被中注协约谈的四大组审计收费越大，有审计意见购买的可能。

表 6 - 9　　　　　　　　　　　**模型（6 - 2）回归分析结果**

审计费用	（1）全样本	（2）非四大	（3）四大
Warn	- 0.039 *** （ - 5.43）	0.008 （1.19）	0.123 ** （2.13）
Size	0.429 *** （128.39）	0.354 *** （108.25）	0.627 *** （35.13）
Lev	- 0.086 ** （ - 3.38）	- 0.001 （ - 0.04）	- 0.528 *** （ - 3.21）
ROA	- 0.003 *** （ - 4.83）	- 0.002 *** （ - 3.43）	- 0.023 *** （ - 4.88）
Rec	0.228 *** （6.06）	0.190 **** （5.51）	0.600 *** （2.64）
Inv	- 0.075 ** （ - 2.39）	- 0.038 （ - 1.31）	0.272 （1.42）
Cur	- 0.011 *** （ - 6.52）	- 0.011 *** （ - 6.94）	- 0.007 （ - 0.46）
Growth	- 0.040 *** （ - 3.95）	- 0.024 *** （ - 2.64）	- 0.168 ** （ - 2.32）
Loss	0.038 *** （2.85）	0.038 *** （3.12）	- 0.092 （ - 1.09）

续表

审计费用	（1）全样本	（2）非四大	（3）四大
Age	0.001 （0.28）	0.031 *** （6.55）	− 0.080 *** （− 2.61）
SOE	− 0.044 *** （− 5.38）	− 0.061 *** （− 8.26）	− 0.105 ** （− 2.22）
CFO	0.233 *** （4.47）	0.099 ** （2.10）	0.912 ** （2.49）
Opin	0.184 *** （9.84）	0.142 *** （8.34）	0.197 （1.26）
Switch	− 0.60 *** （− 6.20）	− 0.061 *** （− 6.86）	− 0.147 *** （− 2.94）
Cons	4.201 *** （56.64）	5.663 *** （79.16）	0.807 （1.53）
年度效应	控制	控制	控制
行业效应	控制	控制	控制
R-squared	0.612	0.566	0.729
样本量	19212	18172	1040

注："*""**""***"分别表示 0.10、0.05、0.01 的统计显著水平。

6.3　稳健性检验

（1）考虑到 2015 年上市公司年报审计事务所都被约谈了，因而将其从混合样本中删除。模型（6-1）、模型（6-2）回归分析的结果分别如表 6-10 和表 6-11 所示。

表 6-10　　　模型（6-1）剔除 2015 年样本后的回归分析结果

审计延迟	（1）全样本	（2）非四大	（3）四大
Warn	0.015 *** （4.21）	0.012 *** （3.16）	− 0.020 （− 1.37）
Size	0.017 *** （9.39）	0.023 *** （11.65）	− 0.001 （− 0.25）

审计延迟	(1) 全样本	(2) 非四大	(3) 四大
Lev	-0.034 ** (-2.51)	-0.039 *** (-2.76)	-0.064 (-1.40)
ROA	-0.002 *** (-6.43)	-0.002 *** (-6.32)	-0.003 ** (-2.14)
Rec	0.075 *** (3.71)	0.088 **** (4.14)	-0.178 *** (-2.82)
Inv	0.025 (1.47)	0.022 (1.24)	-0.017 (-0.32)
Cur	-0.002 * (-1.76)	-0.002 * (-1.68)	0.004 (0.80)
Growth	-0.035 *** (-6.38)	-0.037 *** (-6.59)	0.012 (0.59)
Loss	0.038 *** (5.32)	0.038 *** (5.13)	0.057 ** (2.41)
Age	-0.007 *** (-2.64)	-0.009 *** (-3.19)	-0.009 (-1.10)
SOE	-0.038 *** (-8.63)	-0.034 *** (-7.44)	-0.076 * (-5.82)
CFO	-0.170 *** (-6.10)	-0.157 *** (-5.48)	-0.258 *** (-2.55)
Opin	0.082 *** (8.19)	0.084 *** (8.17)	0.148 *** (3.80)
Cons	4.230 *** (106.48)	4.099 *** (94.36)	4.593 *** (33.06)
年度效应	控制	控制	控制
行业效应	控制	控制	控制
R-squared	0.709	0.077	0.217
样本量	17078	16161	917

注: " * " " ** " " *** " 分别表示 0.10、0.05、0.01 的统计显著水平。

表6-10 报告了模型（6-1）剔除 2015 年年报审计事务所被约谈的样本

后的回归结果。从表 6－10 中栏（1）可以看出，事务所约谈（Warn）的系数为 0.015，在 1% 的水平上显著，表明中注协约谈上市公司年报审计事务所后，其审计延迟更长。进一步划分事务所规模为四大组和非四大组回归，从栏（2）和栏（3）中可以看出，非四大组的事务所约谈（Warn）系数为 0.012，且在 1% 的水平上显著，而四大组的事务所约谈（Warn）系数不显著。其结果与主回归的一致。

表 6－11　　　　模型（6－2）剔除 2015 年样本后的回归分析结果

审计费用	（1）全样本	（2）非四大	（3）四大
Warn	−0.039 *** （−5.44）	0.008 （1.18）	0.128 ** （2.21）
Size	0.432 *** （121.39）	0.357 *** （102.51）	0.627 *** （32.98）
Lev	−0.089 ** （−3.29）	−0.004 （−0.17）	−0.548 *** （−3.08）
ROA	−0.004 *** （−4.92）	−0.002 *** （−3.66）	−0.023 *** （−4.49）
Rec	0.235 *** （5.85）	0.194 *** （5.27）	0.640 *** （2.60）
Inv	−0.073 ** （−2.16）	−0.035 （−1.12）	0.270 （1.28）
Cur	−0.011 *** （−6.16）	−0.011 *** （−6.46）	−0.014 （−0.77）
Growth	−0.041 *** （−3.80）	−0.025 *** （−2.48）	−0.222 ** （−2.78）
Loss	0.048 *** （3.34）	0.043 *** （3.28）	−0.043 （−0.47）
Age	−0.006 （−1.13）	0.025 *** （4.85）	−0.086 *** （−2.62）
SOE	−0.037 *** （−4.32）	−0.056 *** （−7.06）	−0.108 ** （−2.12）
CFO	0.238 *** （4.31）	0.105 ** （2.09）	0.969 ** （2.44）
Opin	0.196 *** （9.94）	0.153 *** （8.53）	0.190 （1.20）

续表

审计费用	(1) 全样本	(2) 非四大	(3) 四大
Switch	-0.60 *** (-5.88)	-0.061 *** (-6.52)	-0.113 *** (-2.12)
Cons	4.158 *** (52.73)	5.622 *** (73.95)	0.847 (1.56)
年度效应	控制	控制	控制
行业效应	控制	控制	控制
R-squared	0.618	0.574	0.731
样本量	16817	15907	910

注:"*""**""***"分别表示 0.10、0.05、0.01 的统计显著水平。

表 6 - 11 报告了模型 (6 - 2) 剔除 2015 年年报审计事务所被约谈的样本后的回归结果。从表 6 - 11 中栏 (1) 可以看出,事务所约谈 (Warn) 的系数为 - 0.039,在 1% 的水平上显著,表明中注协约谈的事务所其客户审计费用少。进一步划分四大组和非四大组回归,从栏 (2) 和栏 (3) 中可以看出,四大组的事务所约谈 (Warn) 的系数为 0.128,且在 5% 的水平上显著,说明中注协对四大事务所进行约谈,其客户的审计费用显著增加,而非四大事务所被约谈后,其审计费用结果不显著。本书的研究结论依然成立。

(2) 为了降低约谈事务所客户与未被约谈事务所客户之间的特征差异影响,本书对约谈事务所和未被约谈事务所进行了倾向得分匹配 (propensity score matching,PSM)。本书从企业规模、企业负债率、企业盈利能力、企业成长性、企业亏损状态等角度选取了约谈事务所相关的变量进行倾向得分最近邻匹配。经 PSM 匹配后模型 (6 - 1) 实验组和控制组系数显著为正,具体结果如表 6 - 12 ~ 表 6 - 15 所示。本书的研究结论依然成立。

表 6 - 12   被约谈对审计延迟影响的稳健性检验 (PSM)

变量	均值			t 检验		V (T) / V (C)
	Treated	Control	bias	t	p > t	
Size	22.191	22.221	-2.3	-1.47	0.142	0.92 *
Lev	0.44105	0.44309	-1.0	-0.61	0.542	1.01
ROA	3.9639	3.9393	0.4	0.25	0.804	0.98
Rec	0.11876	0.11696	1.7	1.09	0.276	0.95 *

续表

变量	均值			t 检验		V（T）/ V（C）
	Treated	Control	bias	t	p > t	
Inv	0. 1523	0. 15394	- 1. 1	- 0. 73	0. 466	0. 99
Cur	2. 3579	2. 3209	1. 5	0. 95	0. 340	1. 00
Loss	0. 0942	0. 09533	- 0. 4	- 0. 24	0. 808	
Growth	0. 16666	0. 157	2. 9	1. 83	0. 067	1. 04
Age	2. 1645	2. 1658	- 0. 2	- 0. 11	0. 915	0. 99
CFO	0. 0388	0. 03947	- 0. 9	- 0. 60	0. 551	0. 99
SOE	0. 38083	0. 38911	- 1. 7	- 1. 07	0. 283	
Opin	0. 03763	0. 03613	0. 8	0. 50	0. 614	

注：" * "" ** "" *** "分别表示 0. 10、0. 05、0. 01 的统计显著水平。

表 6 - 13　　　　　　　　模型（6 - 1）PSM 的评价处理效应

变量	样本	实验组	控制组	差异	标准差	T 值
Arl	匹配前	4. 5505878	4. 5389922	0. 01159562	0. 0036338	3. 19 ***
	匹配后	4. 5569448	4. 5389922	0. 01795268	0. 0036626	4. 90 ***

注：" * "" ** "" *** "分别表示 0. 10、0. 05、0. 01 的统计显著水平。

表 6 - 14　　　　　　被约谈对审计费用影响的稳健性检验（PSM）

变量	均值			t 检验		V（T）/ V（C）
	Treated	Control	bias	t	p > t	
Size	22. 191	22. 221	- 2. 3	- 1. 47	0. 142	0. 92 *
Lev	0. 44105	0. 44309	- 1. 0	- 0. 61	0. 542	1. 01
ROA	3. 9639	3. 9393	0. 4	0. 25	0. 804	0. 98
Rec	0. 11876	0. 11696	1. 7	1. 09	0. 276	0. 95 *
Inv	0. 1523	0. 15394	- 1. 1	- 0. 73	0. 466	0. 99
Cur	2. 3579	2. 3209	1. 5	0. 95	0. 340	1. 00
Loss	0. 0942	0. 09533	- 0. 4	- 0. 24	0. 808	
Growth	0. 16666	0. 157	2. 9	1. 83	0. 067	1. 04
Age	2. 1645	2. 1658	- 0. 2	- 0. 11	0. 915	0. 99
CFO	0. 0388	0. 03947	- 0. 9	- 0. 60	0. 551	0. 99
SOE	0. 38083	0. 38911	- 1. 7	- 1. 07	0. 283	
Opin	0. 03763	0. 03613	0. 8	0. 50	0. 614	
Auditchange	0. 16884	0. 11904	14. 3	8. 98	0. 000	

注：" * "" ** "" *** "分别表示 0. 10、0. 05、0. 01 的统计显著水平。

表 6 - 15　　模型（6 - 2）PSM 的评价处理效应

变量	样本	实验组	控制组	差异	标准差	T 值
Auditfee	匹配前	13.72403	13.80583	-0.0817988	0.0111941	7.31***
	匹配后	13.75243	13.80583	-0.0534020	0.0115945	4.61***

注："*""**""***"分别表示 0.10、0.05、0.01 的统计显著水平。

6.4 本章小结

本章从审计过程的角度，考察了在上市公司年报审计期间，中注协约谈对事务所审计延迟和审计费用两方面的影响。利用 2011 ~2018 年年报审计约谈数据，通过回归分析发现，中注协约谈对审计延迟产生显著影响，进一步分组检验发现，中注协的年报审计约谈主要对非四大事务所的审计延迟的影响显著，该结果表明中注协的年报审计约谈对非四大会计师事务所的审计效率产生影响；中注协约谈对审计费用产生显著影响，进一步分组检验发现，中注协的年报审计约谈主要是对非四大会计师事务所的审计费用影响显著，该结果表明中注协的年报审计约谈对非四大事务所的审计费用有影响。通过剔除 2015 年事务所全约谈样本后的数据可以看出，上述结果依然存在，利用倾向得分匹配（PSM）法，降低约谈事务所客户与未被约谈事务所客户之间的特征差异影响，上述研究结论依然成立。以上结论表明中注协约谈对审计过程产生了影响，即中注协的年报审计约谈对会计师事务所发挥了警示提醒的预防性监管作用。

第7章 研究结论与政策建议

7.1 研究结论

注册会计师行业如何监管，各国一直存在争议，尤其是美国在 2002 年成立 PCAOB 专门监管证券市场审计，标志着由原来 AICPA 自律监管转为 PCA-OB 的独立监管。我国注册会计师行业采取的是以行政监管为主、注册会计师行业协会自律监管为辅的模式。其实，这些不同监管模式选择背后亟待回答的一个问题是不同监管模式的效果如何。

本书选择中国注册会计师协会在上市公司年报审计期间，约谈会计师事务所提示其客户审计风险高，以此事件数据实证检验中注协约谈是否影响会计师事务所的审计决策。首先，本书梳理中注协约谈上市公司年报审计监管的相关制度和约谈现状，并以中注协约谈国富浩华事务所为例进行案例分析。其次，本书从审计结果的角度，研究中注协的年报审计约谈对被约谈事务所客户的财务报表重述和事务所变更的影响，即中注协约谈是否影响会计师事务所审计质量和客户组合等审计结果。最后，本书还从审计过程的角度，研究中注协的年报审计约谈对被约谈事务所的审计延迟和审计费用的影响，即中注协约谈是否影响会计师事务所的审计延迟和审计费用等审计过程。

本书的主要结论如下：

首先，检验投资者对中注协约谈的市场反应，结果发现会计师事务所被中注协约谈，如果约谈涉及的审计客户信息没有公布，市场负面反应不明显；如果约谈涉及的审计客户信息公布，其市场作出明显的负面反应，其股票成交量和成交金额明显增大。

其次，本书以 2011～2018 年中注协对上市公司年报审计约谈事务所的数据，检验中注协约谈对事务所客户财务报表重述和事务所变更两方面的影响，结果发现，中注协约谈非十大会计师事务所对被约谈事务所客户的财务报表重述产生显著影响，但中注协约谈对十大事务所审计客户的财务报表重述影响不显著，该结果表明中注协的年报审计约谈对非十大事务所的审计质量提高有影响；中注协约谈对事务所变更产生显著影响，进一步分组检验发现，中注协的年报审计约谈主要是对非四大会计师事务所变更的影响显著，该结果表明中注协的年报审计约谈对非四大事务所的客户组合有影响。以上研究结论表明中注协约谈对部分会计师事务所的审计结果产生了影响，即中注协的年报审计约谈对部分会计师事务所发挥了警示提醒的预防性监管作用。

最后，本书以 2011～2018 年中注协对上市公司年报审计约谈事务所的数据，检验中注协约谈对事务所审计延迟和审计费用两方面的影响，结果发现，中注协约谈对审计延迟产生显著影响，进一步分组检验发现，中注协的年报审计约谈主要对非四大事务所的审计延迟的影响显著，该结果表明中注协的年报审计约谈对非四大事务所的审计效率产生影响；中注协约谈对审计费用产生显著影响，进一步分组检验发现，中注协的年报审计约谈主要是对非四大会计师事务所的审计费用影响显著，该结果表明中注协的年报审计约谈对非四大事务所的审计费用有影响。以上研究结论表明中注协约谈对部分会计师事务所的审计过程产生了影响，即中注协的年报审计约谈对部分会计师事务所发挥了警示提醒的预防性监管作用。

7.2 政 策 建 议

根据上述研究结论分析，本书提出以下三个方面的政策建议。

一是在上市公司年报审计期间，中注协的约谈监管对会计师事务所的审计决策产生了积极影响。中注协对上市公司年报审计约谈作为事中的一种预防性监管，可以与证监会等行政部门对证券市场审计的事后处罚，形成较为完整的审计监管体系，为提升我国证券市场审计监管的效能提供有益的补充。因此，待条件成熟后，需要修订完善之前颁布的中注协上市公司年报审计约谈监管制度，尤其是对中注协什么时候哪些审计风险需要约谈作出必要的限定。因为分析 2011~2018 年约谈监管现状后发现，每一年的约谈具体情况差异较大，表明监管方的约谈力度具有一定的随意性，这与监管方较好地履行职责不相符，也与证券市场健康发展所必要的监管不相符。

二是进一步研究表明中注协年报审计约谈监管对不同规模的会计师事务所产生积极影响的效果不一样，约谈监管对小规模会计师事务所无论审计过程还是审计结果都发挥了显著的提示和警醒作用。那么在监管资源相对有限的情况下，可以对不同规模的会计师事务所采取不同的监管方式。根据本书研究结论表明中注协约谈对小规模会计师事务所产生了积极影响，那么针对小规模会计师事务所日常应采取事前或事中的预防性监管，而对大规模会计师事务所，应采取事后的处罚性监管。

三是从中注协约谈审计风险主题最多的是会计师事务所变更问题，说明我国证券市场审计频繁变更会计师事务所问题突出，尽管从会计师事务所层面，中注协要求对发生变更有明确的报备规定，但是报备的内容中都是常规信息，对具体变更的原因信息非常有限。结合本书的案例分析，由于我国审计市场是卖方市场，除部分正常会计师事务所变更之外，相对多的具有压价争抢客户或高价购买审计意见的嫌疑。已有的研究表明，会计师事务所一定任期对审计质量因学习效应有助于提升审计质量。因此，可以细化会计师事务所变更的具体内容，要求会计师事务所在报备中具体说明变更的发起方是上市公司还是会计师事务所。此外，对会计师事务所变更的监管除了中注协之外，证监会也应给予必要的关注和要求，至少应要求上市公司在年报重要信息中详细披露变更具体情况，说明变更的发起方是公司自身还是会计师事务所。

7.3　研究展望

第一，本书在中注协约谈现状描述中，对每次约谈审计风险主题进行了整理，除了从被约谈事务所的角度进行实证检验之外，还可以从具体审计风险进行特征量化的角度，进行具有约谈主题特征的客户与没有该特征的客户，被约谈事务所是否有不同的审计决策，进一步检验中注协年报审计约谈的效果与效率。即细分约谈主题有待进一步研究。

　　第二，本书在中注协约谈现状描述中，对每次约谈方式进行了整理，主要有当面约谈方式、书面约谈方式、电话约谈方式。这些不同的约谈方式是否有不同的约谈效果，也是一个可以进行实证检验的命题。其检验结果对中注协后续的上市公司年报审计约谈提供重要的经验证据。因此，细分不同的约谈方式也可以进一步研究。

附录

注册会计师、资产评估行业
谈话提醒制度（试行）

第一条 为了强化行业自律机制，进一步规范注册会计师、注册资产评估师的执业行为，保证执业质量，防范执业风险，根据《中华人民共和国注册会计师法》、《中国注册会计师职业道德基本准则》和《中国注册资产评估师职业道德规范》等有关规定制定本制度。

第二条 各地方注册会计师协会、资产评估协会负责实施本地会计师事务所和资产评估机构（以下简称"事务所、机构"）的谈话提醒工作。

中国注册会计师协会根据需要可直接组织谈话提醒工作。

第三条 日常监管工作中发现事务所、机构及其从业人员在执业过程中有下列情形之一的，中国注册会计师协会、各地方注册会计师协会及资产评估协会（以下简称"谈话约请部门"）应当约请事务所、机构的负责人和相关注册会计师、注册资产评估师（以下简称"谈话对象"）进行谈话提醒：

（一）涉嫌违反法律、法规；

（二）涉嫌违反《中国注册会计师独立审计准则》、《中国注册会计师质量控制基本准则》、《中国注册会计师职业道德基本准则》和《中国注册资产评估师职业道德规范》等规定；

（三）其他有必要谈话的情形。

第四条 谈话约请部门安排谈话提醒时，应事先充分准备，并将谈话时间、地点、要求等以书面形式提前三天通知谈话对象。

第五条 谈话约请部门至少应有两人参加谈话提醒，并对谈话提醒内容予以记录。谈话结束时，谈话约请部门的工作人员和谈话对象应在谈话记录上签字确认。

第六条 谈话约请部门应将谈话记录、谈话情况总结以及谈话对象的整改情况归档保存。

第七条　谈话约请部门可根据需要请其他有关单位共同开展谈话提醒工作。

第八条　谈话对象确因特殊情况不能参加的，应事先报告谈话约请部门，经同意后可委托有关人员代理；无故拒绝、推脱者，谈话约请部门应记录在案并予以通报批评；谈话过程中，谈话对象应如实陈述、不得故意隐瞒事实；谈话约请部门工作人员应对谈话过程中的有关信息予以保密。

第九条　通过谈话，发现谈话对象存在情节轻微的违规执业行为，但不构成行政处罚的，谈话约请部门应予以严肃训诫并要求整改，整改情况应当限期向谈话约请部门报告。

第十条　通过谈话，发现谈话对象存在违法违规行为，应予以进一步做出调查处理的，谈话约请部门应依法转交有关部门调查处理。

第十一条　注册会计师、注册资产评估师在一年内因本制度第九条规定，被谈话提醒累计达三次以上（含三次）、并证实有违规执业且被提出口头警告的，其执业资格年度检查不予通过。

第十二条　各地方注册会计师协会、资产评估协会应于每年 1 月 31 日前将上年谈话提醒工作情况总结上报中国注册会计师协会。

第十三条　本制度自发布之日起执行。

二〇〇二年一月二十二日

上市公司年报审计监管工作规程

第一章 总 则

第一条 为规范和改进上市公司年度财务报表审计（以下简称年报审计）监管工作，明确中国注册会计师协会（以下简称中注协）在上市公司年报审计监管方面的工作职责与工作内容，根据《中国注册会计师协会章程》，制定本规程。

第二条 本规程所称年报审计监管，是指中注协对会计师事务所（以下简称事务所）执行的上市公司年报审计业务实施的全程监控，包括事前、事中和事后三个环节。

第三条 上市公司年报审计监管应当贯彻风险导向理念，以跟踪和监控上市公司年报审计工作质量为核心；以维护社会公众利益和资本市场稳定，提升年报审计工作质量为目标；以上市公司年报审计风险的评价、预警和防范为重点。

第四条 在上市公司年报审计监管工作中，要采取切实有效的措施，支持和帮助注册会计师坚持诚信、独立、客观、公正的原则与立场，切实督促和引导事务所完善质量控制体系、健全内部治理机制、深化诚信道德建设、强化质量风险管控，不断提升行业的整体执业质量。

第五条 上市公司年报审计监管应当坚持事前事中监控与事后报备分析相结合，分类指导与个别辅导相结合，逐日跟踪分析与定期披露相结合，年报审计监管结果与执业质量检查工作相结合。

第六条 上市公司年报审计监管工作的组织与实施由中注协业务监管部室负责。中注协业务监管部室设置专门岗位，指派专人负责年报审计监管工作，并建立相应的工作记录。

第七条 为确保上市公司年报审计监管工作质量，应当注意发挥行业专家的作用，并逐步建立年报审计监管信息库，为上市公司年报审计监管提供技术支撑和信息支撑。

第二章　上市公司年报披露开始前的主要工作

第八条　在每个年度的上市公司年报披露工作开始前，中注协业务监管部室应当组建年报审计监管专家咨询组。咨询组主要由来自事务所和地方协会的专家组成，其主要职责包括：协助中注协分析上市公司年报，甄别事务所高风险客户；分析事务所年报审计业务可能面对的重大风险领域以及相关质量控制可能存在的问题，并提出防范对策与建议。

第九条　在每个年度的上市公司年报披露工作开始前，发布有关做好上市公司年报审计工作的通知，要求事务所和注册会计师认真落实风险导向审计理念，严格遵循执业准则要求，密切关注重大审计风险领域，切实强化质量风险管控，全力确保年报审计工作质量。

第十条　原则上，在每个年度的上市公司年报披露工作开始前，组织召开一次证券资格事务所年报审计工作会议，通报当年的年报审计监管和执业质量检查情况，对即将开始的上市公司年报审计工作提出具体要求。

第十一条　在每个年度的上市公司年报披露工作开始前，发布有关做好上市公司年报审计业务报备工作的通知，要求事务所切实落实报备工作要求，确保信息报备真实、准确、及时、完整。

第十二条　在每个年度的上市公司年报披露工作开始前，要提前搜集有关上市公司年报审计监管的分析资料，为上市公司年报披露期间的工作开展奠定基础。

第三章　上市公司年报披露期间的主要工作

第十三条　为强化上市公司年报审计事前事中监管，切实增强年报审计监管的前瞻性、针对性和有效性，在上市公司年报披露期间，应适时启动年报审计监管约谈机制，就上市公司年报审计业务可能存在的风险向相关事务所作出提示。

第十四条　在开展约谈工作时，应当合理选定约谈主题。约谈主题应当以事务所审计风险的防范和化解为主线，及时反映和解决事务所在年报审计工作中遇到的重大问题。在确定约谈主题时，应当了解相关政府部门的政策动向，考虑资本市场的发展变化和行业面临的主要矛盾与问题。

第十五条　在开展约谈工作前，应当结合约谈主题，合理确定约谈对象。约谈对象应当在深入分析上市公司公开信息，综合考虑媒体报道、公众举报、以往年度执业质量检查结果以及年报审计监管咨询专家意见的基础上确定。

第十六条　参加约谈的事务所人员包括：主任会计师，负责质量控制或技术的合伙人，以及执行上市公司年报审计业务的项目合伙人和签字注册会计师。

第十七条　约谈开始前，应当向事务所发出上市公司年报审计监管约谈函，要求事务所在规定时间内向中注协提交有关约谈项目年报审计开展情况的说明。

约谈结束后，应当继续跟踪约谈项目年报审计的后续开展情况，并要求事务所在约谈项目年报披露后的一定时间内，向中注协提交有关约谈项目年报审计情况的详细报告。

第十八条　除采取约谈方式对事务所进行风险提示外，对于上市公司年报披露期间注意到的高风险上市公司，可联系相关事务所了解情况，并向事务所发出上市公司年报审计监管沟通函，要求其在规定时间内提交高风险客户年报审计情况的书面报告。

第十九条　对于已披露的上市公司年报，如有媒体质疑、公众投诉举报或者发现审计报告不当的，应与相关事务所取得联系，全面了解情况，必要时，可采取当面沟通、专案检查等措施加以应对。

第二十条　在上市公司年报披露期间，要指派专人，逐日跟踪上市公司年报披露情况，每周编发一期上市公司年报审计情况快报并上网公布。

第二十一条　上市公司年报审计情况快报应当包括上市公司年报披露的基本情况、事务所出具的审计报告数量及类型、事务所出具非标准审计报告的原因、上市公司变更年报审计机构的情况等内容，并可根据实际情况，在快报中适当增加社会公众和资本市场广泛关注的问题与内容。

第二十二条　为切实强化对事务所年报审计工作的适时引导，扩大年报审计监管工作影响，在上市公司年报披露期间，应当定期或不定期地对上市公司年报审计情况加以汇总，并编发工作简报或形成报告在会刊上刊发。

第二十三条　年报披露期间，中注协业务监管部室要指派专人，督促和指导事务所做好上市公司年报审计机构变更信息报告工作。

上市公司变更年报审计机构的，前后任事务所应当在变更发生之日起 5 个工作日内，将相关情况报中注协和事务所所在地省级协会备案。

前后任事务所报告的内容应当包括：变更年报审计机构的上市公司名称、代码及其前后任事务所，变更日期与原因，以及前后任事务所的沟通情况等。

第二十四条 收到变更信息后，中注协业务监管部室应当将前任事务所报备的变更原因、后任事务所报备的变更原因以及上市公司对外披露的变更原因进行核对，了解变更的真实原因，密切关注其中可能存在的"炒鱿鱼、接下家"问题，对恶意"接下家"行为实施重点监控。

如发现上市公司因与事务所存在意见分歧等异常原因变更年报审计机构的，应与前任事务所取得联系，了解相关情况，及时对后任事务所进行提醒，必要时，将详细情况报告协会领导。

第二十五条 为不断拓展年报审计监管工作内涵，夯实年报审计监管工作基础，同时为领导决策提供有益参考，在上市公司年报披露期间，可组建上市公司年报分析专家工作组，对高风险上市公司或特定类型的上市公司已披露年报进行系统全面的分析、研究。

第二十六条 在上市公司年报审计监管过程中，如果遇到有关专业方面的重大疑难问题，可向中注协标准制定部室咨询，必要时，可提交中注协相关专门（专业）委员会讨论解决。

第四章　上市公司年报披露结束后的主要工作

第二十七条 年报审计业务报备工作应当在上市公司年报披露结束后 2 个月内完成。中注协业务监管部室应及时对报备信息进行加工、处理，对已披露的上市公司年报审计情况快报进行汇总、提炼，对上市公司年报审计监管过程中发现的问题进行归纳、梳理，并撰写有关上市公司年报审计情况的分析报告。分析报告应当在 7 月底前完成。

分析报告应当包括年报审计总体情况、年报审计前后的数据调整、年报审计意见、年报审计机构变更、年报审计收费、年报审计市场等内容。

中注协标准制定部室负责上市公司年报审计非标准审计报告的研究，相关分析报告应在上市公司年报审计工作结束后 6 个月内完成。

第二十八条 上市公司年报审计工作结束后，可采取座谈会、实地走访等方式，广泛听取事务所、注册会计师以及相关政府部门对进一步改进年报审计监管工作的意见与建议。同时，采取相关措施，逐步实现与相关政府部门之间的监管信息共享。

第二十九条　开展证券所执业质量检查，尤其是在确定证券所执业质量检查名单和检查工作重点时，应充分利用年报审计监管工作成果。对年报审计监管过程中发现的未严格遵循执业准则的事务所和注册会计师，将在执业质量检查中予以重点关注。

<h2 style="text-align:center">第五章　附　　则</h2>

第三十条　各省级协会可以参照本规程，组织开展本地区的年报审计监管工作。

第三十一条　本规程自发布之日起施行。

二〇一一年八月三十一日

中国注册会计师协会关于做好上市公司
2011 年年报审计工作的通知

各省、自治区、直辖市注册会计师协会，各证券期货资格会计师事务所：

为深化行业诚信建设，规范注册会计师执业行为，提升年报审计工作质量，充分发挥注册会计师行业在服务国家建设中的重要作用，现就做好上市公司 2011 年年报审计工作通知如下：

一、年报审计工作总体要求

会计师事务所要高度重视和精心实施 2011 年度上市公司年报审计工作。要把做好 2011 年度上市公司年报审计工作作为巩固、扩大行业创先争优活动成果的有力举措和贯彻落实行业发展规划（2011－2015 年）的实际行动。2011 年度上市公司年报审计工作，要以深化诚信建设、完善质量控制体系、健全内部治理机制为核心，以维护公众利益、促进资本市场稳定、提升年报审计工作质量为目标，以强化年报审计风险管控、确保新审计准则和内控审计指引有效实施为重点，恪守诚信、独立、客观、公正的原则与立场，恰当应对重大风险，全面记录审计过程，如实反映上市公司实际，合理确定审计意见类型。

二、严格遵循职业道德规范要求

事务所要按照职业道德守则的内容与要求，及时修订完善职业道德相关制度；要建立适当的监控机制，将职业道德相关制度作为业务培训的强制性内容；要严格执行项目负责人和质量控制复核人定期轮换、禁止股票交易等有关独立性要求的规定，以及向审计客户提供非鉴证服务时的独立性要求，持续强化独立性监控；要坚决抵制索取回扣、压价竞争、或有收费等不当行为，保持良好形象，实现良性发展。

注册会计师要始终牢记使命，敢于坚持原则，勇于抵御压力，善于揭示问题，如实发表意见；要充分关注重大风险领域，审慎应对疑难复杂事项，敢于揭示重大错报，勇于担当社会责任；要高度警觉，积极识别影响独立性的各种情形，确保职业判断客观、公正；要勤勉尽责，保持职业怀疑态度，决不因连续多年向客户提供审计服务等原因而在审计过程中麻痹大意、偷工减料，甚至丧失原则。

三、强化事务所质量控制体系建设

事务所要按照质量控制准则的内容与要求，尽快建立健全适合自身规模和业务特点的、严格有效的质量控制体系。质量控制体系应当涵盖业务承接、委派、执行的各个环节与流程。在对上市公司年报审计业务实施全程监控的同时，事务所要狠抓质量控制流程前移，尽早化解年报审计过程中遇到的各种问题，审慎防范可能出现的系统风险，全力确保上市公司 2011 年年报审计工作质量。

（一）强化事前控制

在具体业务的接受与保持环节，事务所应当切实做好评估工作，避免流于形式，既要考虑到客户的诚信和声誉，也要考虑自身的独立性、专业胜任能力和人力资源状况，避免超越自身能力承接业务。事务所应当委派具有必要素质、专业胜任能力和时间的合伙人及员工执行业务，避免因合伙人和员工业务负荷过重给事务所带来风险，同时，业务委派应当在事务所层面统一进行。

（二）强化事中控制

1. 避免审计计划流于形式。项目合伙人和项目组关键成员应当高度重视并尽早计划审计工作，在初步业务活动的基础上，结合被审计单位实际制定有针对性的总体审计策略和具体审计计划。总体审计策略要充分体现风险导向理念，风险评估、内控测试以及重大审计事项应当由执业经验丰富、专业水平高的人员负责。考虑到审计准则较之前年度有较大变化，项目组要提前做好人员培训，确保全体成员的专业胜任能力能够满足项目审计的实际需要。

2. 避免风险评估流于形式。注册会计师要全面深入了解被审计单位及其环境尤其是发生的重大变化，注意与治理层或管理层进行有效沟通以获取适当信息；要始终以职业怀疑态度，有效识别和恰当评估被审计单位可能存在的重大错报风险，充分考虑由于舞弊导致财务报表发生重大错报的可能性；

要在风险评估结果的基础上，确定进一步审计程序的性质、时间和范围。

3. 避免业务质量控制复核流于形式。一方面，事务所要强化项目组内的质量控制复核。项目签字注册会计师尤其是项目合伙人要深度参与审计业务，经常亲临审计现场了解实际情况，从计划、现场和报告几个阶段对项目组成员实施持续有效的督导。项目组内的复核，应当由经验较多人员复核经验较少人员的工作。另一方面，要强化项目质量控制复核。项目质量控制复核人员应由事务所统一委派而不能由项目合伙人决定。项目质量控制复核人员应具备复核工作所要求的经验与权限，并按照准则要求的复核内容切实履行复核职责，避免复核流于形式。同时，项目质量控制复核人员要始终保持自身的客观性。

（三）强化事后控制

事务所要高度重视业务监控，要制定体现事务所实际的、具有可操作性的业务监控制度，并由专门的机构或人员负责；业务监控的范围不能仅局限于业务项目层面，应当更多地关注事务所的质量控制体系是否存在重大缺陷以及法律法规、职业道德规范的遵循情况；事务所应当重视监控结果的通报、整改和复查，并将监控结果与业绩评价、薪酬和晋升相联系。

在建立健全质量控制体系的过程中，事务所要结合中注协下发的整改建议书，对质量控制体系存在的问题进行认真整改。与此同时，事务所要进一步健全内部治理机制，深入推进总所与分所之间，以及总所各业务部门之间的实质性融合，不断提升事务所的一体化水平，为质量控制体系的有效实施奠定坚实基础。

四、认真贯彻实施新审计准则和内控审计指引

（一）认真贯彻实施新审计准则

最新修订的审计准则将于 2012 年 1 月 1 日起施行。修订后的审计准则在审计工作的总体目标与基本要求、重要性、关联方、集团审计等方面有重大变化，增加了很多新内容；修订后的审计准则进一步强化了风险导向审计思想，将风险导向审计理念全面彻底地贯彻到整套准则中；修订后的审计准则进一步明确了注册会计师发现舞弊的责任与目标，对如何识别和应对关联方、公允价值会计估计、集团审计等领域的舞弊风险提供了更为详细的指导，同时还强化了注册会计师与治理层的双向沟通及职责划分，增强了对小型被审

计单位的审计指导力度，准则的适用性、针对性和有效性进一步提高。

事务所要准确把握审计准则的最新变化，切实将新准则的精神与要求落实到年报审计工作中。一方面，要不断加大投入，强化系统培训，改进业务督导，切实提高审计人员的准则把握能力和实际运用水平，进一步加强和规范审计人员的审计行为；另一方面，要结合自身特点，统一总分所的专业技术标准和实务操作规程，并及时更新、完善，要进一步明确审计工作目标、优化审计工作流程、细化审计工作要求，充分满足事务所业务执行、业务质量控制以及业务持续发展的需要，确保准则真正落实到位。

（二）认真贯彻实施企业内部控制审计指引

企业内部控制审计指引将于 2012 年 1 月 1 日起施行。企业内部控制审计是一项新业务，事务所和广大注册会计师要高度重视、认真贯彻执行。

事务所要正视内控审计可能遇到的各种挑战与问题，尽早结合自身实际研究整合审计策略，修改业务操作规程，建立健全内控审计业务质量控制体系；要处理好企业内控审计业务与内控咨询评价业务之间的关系，确保内控审计业务独立性；要组织注册会计师加强对企业内部控制基本规范和配套指引、内控审计指引实施意见等的系统学习，准确把握内控审计的理论内涵和实务精髓，尽快建立一支高水平的内控审计队伍，确保内控审计工作各项要求真正落到实处。

注册会计师要充分认识企业内控审计业务的特殊性，尽早与客户沟通，以便为客户整改内控缺陷预留充足时间；要立足于整合审计，充分考虑财务报表审计的舞弊风险评估结果；要运用自上而下的方法，评价被审计单位的内部控制是否足以应对识别出的、由于舞弊导致的重大错报风险，并评价为应对管理层和治理层凌驾于控制之上的风险而设计的控制；要处理好内控审计报告意见类型与财务报表审计报告意见类型之间的关系，避免出现矛盾；要处理好内控审计与企业内控自我评价之间的关系，在已承接内控审计业务的情况下，既不为企业设计内部控制制度，也不为企业实施内部控制自我评价。

五、充分关注重大风险领域与疑难特殊事项

在年报审计过程中，注册会计师要始终保持职业怀疑和高度警觉，充分关注下列重大风险领域与疑难特殊事项，充分考虑管理层凌驾于控制之上的可能性，对舞弊导致的重大错报风险进行有效的识别、评估和应对。

（一）重大风险领域

1. 收入的确认与计量。在识别和评估由于舞弊导致的重大错报风险时，注册会计师应当假定被审计单位在收入确认方面存在舞弊风险，并评价哪些类型的收入、收入交易或认定可能导致舞弊风险；关注新业务或新产品收入的合理性；关注 ST 公司以及微利公司收入的真实性；考虑重大资产置换收入确认时点的恰当性。

2. 关联方关系及其交易。要考虑关联方交易是否有合理的商业理由，交易价格是否公允；要对关联方关系及其交易可能导致的潜在重大错报风险始终保持合理怀疑，对管理层凌驾于控制之上的风险始终予以充分关注；要关注管理层以往是否存在不披露关联方关系及其交易的情形，以及可能显示存在关联方关系或者关联方交易的记录或文件（比如与主要销售客户交易集中在年底发货、开票、收款）；关注对被审计单位具有支配性影响的关联方及其交易；对异常重大交易，应作为特别风险，实施特别的、有针对性的审计程序加以应对。

3. 资产减值。要特别关注金融资产、长期股权投资及商誉等资产的减值确认，考虑减值准备计提期间是否适当以及 ST 公司资产减值的完整性；考虑受国家宏观经济政策影响较大行业的资产减值准备计提（如房地产行业的存货、产能过剩行业的固定资产）；考虑期后事项对资产减值计提的影响；同时还要注意，管理层有关资产减值的书面声明不能代替注册会计师的独立判断。

4. 会计政策和会计估计变更。要运用职业判断，评价管理层选用会计政策的恰当性及会计估计的合理性。关注企业会计政策和会计估计的统一性和一致性，以及是否能够如实反映企业的交易或事项。

5. 期后事项。要重点关注资产负债表日后调整事项和非调整事项是否进行调整和充分披露，特别要关注重大的售后退回、存货减值以及诉讼判决。

6. 重大或有事项。要重点关注未决诉讼、债务担保、重组义务等是否存在风险以及发生损失的可能性。

7. 政府补助项目的会计处理。要重点关注政府补助与政府资本性投入的区分；政府补助与资产及收益的相关性；公司收到补助金额的时点以及确认补助收益时点的恰当性。

8. 其他。比如：股份支付；递延所得税资产的确认（是否存在因业绩需要等原因高估递延所得税资产的情形）；股份支付的确认与计量；研究开发费用的确认和计量；特殊行业的特殊业务处理；公司合并或重大债务重组相关业务的处理等。

（二）疑难特殊事项

1. 创业板公司审计。要关注刚上市业绩就发生重大变化的公司，关注公司的业绩压力以及由此可能带来的影响（比如管理层舞弊）；要全面了解公司的核心技术、研发优势、业务模式和市场开拓能力，对公司的自主创新能力给予充分关注；要准确把握公司的业务形态、收入模式、技术水平、市场前景和风险特征，对公司的成长性和持续经营能力做出独立客观的评判；要对照招股说明书和公司后续公告，持续跟踪创业板公司发展规划的落实情况、募集资金的使用情况，关注公司的诚信水平和可能出现的违法违规行为；要高度关注公司的治理结构是否完善，内部控制制度（尤其是与财务报告相关的内部控制制度）是否健全有效，充分揭示创业板公司风险防范的能力和水平。

2. 持续经营审计。要重点关注 ST 公司等存在经营风险公司的持续经营能力；关注管理层是否对公司的持续经营能力做出评估；公司是否计划采取或者正在采取改善持续经营能力的相关措施；关联方或者第三方提供或保持财务支持的协议的存在性、合法性和可执行性，以及对公司提供额外资金的能力；公司是否对正在采取或即将采取的持续经营改善措施予以充分披露；公司采取的持续经营改善措施能否打消自身的重大疑虑，注册会计师应当作出自己独立的专业判断，并考虑对审计报告意见类型的影响。

3. 信息系统审计。关注公司信息系统开发方式；关注信息系统的安全管理（比如信息安全策略和制度、系统安全日志记录、敏感数据传输加密）；关注信息系统的数据中心和网络运行（比如数据输入控制和数据修改控制、异地备份）；关注信息系统的应用系统与数据库的开发（比如系统上线及验收、系统试运行）；关注信息系统的系统软件硬件与网络支持（比如系统变更的申请和审批、系统软件变更）；关注信息系统的日常运行维护（比如系统的日常操作、系统的日常巡检和维修、异常事件的报告与处理）。

4. 利用专家的工作。在利用专家的工作时，要对专家的胜任能力、专业素质和客观性（比如资产评估公司与会计师事务所之间是否存在利益关联）进行评价；要对专家的工作结果或结论的相关性和合理性，以及与其他审计证据的一致性进行评价；如果专家的工作涉及使用重要的假设和方法，应当评价这些假设和方法在具体情况下的相关性与合理性；如果专家的工作涉及使用重要的原始数据，应当评价这些原始数据的相关性、完整性与准确性。

六、认真做好年报审计业务的信息报备

事务所要按照财政会计行业管理系统业务报备要求，指定专人做好上市公司 2011 年年报审计业务报备工作，确保报备信息真实、准确、完整。上市公司变更年报审计机构的，前后任事务所要根据《上市公司年报审计监管工作规程》（会协〔2011〕52 号）的要求，在变更发生之日起 5 个工作日内，以变更报告形式（详见附件）将相关情况报备中注协业务监管部和所在地省级协会相关部门。事务所在年报披露后修改审计意见的，应在 5 个工作日内向中注协业务监管部书面报告。中注协将对事务所年报审计业务报备情况进行检查，并择机通报。

我会将严格按照《上市公司年报审计监管工作规程》的要求，对上市公司年报审计业务实施情况进行全程监控，密切关注其中可能存在的"炒鱿鱼、接下家"问题，对恶意"接下家"行为实施重点监控，并适时启动年报审计监管约谈机制。对年报监管过程中发现的未严格遵循执业准则和职业道德守则的事务所与注册会计师，我会将在年度执业质量检查中予以重点关注。

二○一一年十二月五日

关于××公司变更 2011 年度年报审计机构的报告

中国注册会计师协会：

按照中注协《关于做好上市公司 2011 年年报审计工作的通知》（会协〔2011〕112 号）的有关要求，现将××公司变更 2011 年度年报审计机构的有关情况报告如下：

一、变更年报审计机构的上市公司名称、代码及其前后任事务所

1. 上市公司名称：

2. 上市公司代码：

3. 前任会计师事务所：

4. 后任会计师事务所：

二、变更年报审计机构的日期与原因

1. 变更事务所的日期：

2. 变更事务所的原因：

三、前后任事务所之间的沟通情况

××会计师事务所

××年×月×日

中国注册会计师协会关于做好上市公司2012年年报审计工作的通知

各省、自治区、直辖市注册会计师协会，各证券资格会计师事务所：

为强化证券资格会计师事务所（以下简称事务所）质量控制体系建设，规范注册会计师执业行为，提升上市公司年报审计工作质量，促进行业科学发展，充分发挥注册会计师在服务国家建设中的重要作用，在全面分析上市公司年报审计面临的新形势和新任务，以及系统总结事务所执业质量检查工作的基础上，现就做好上市公司2012年年报审计工作通知如下：

一、年报审计工作总体要求

事务所要把做好上市公司2012年年报审计工作作为贯彻落实十八大精神的实际行动，高度重视、精心组织、认真实施，以深入推进行业诚信建设、建立健全事务所质量控制体系为核心，以提升年报审计工作质量、维护公众利益、促进资本市场健康发展为目标，恪守诚信、独立、客观、公正的原则，牢记使命，勤勉尽责，扎实做好2012年年报审计各项工作。

二、强化质量控制体系建设

事务所要按照质量控制准则的要求，建立并不断完善适合自身特点的质量控制体系，制定并实施科学、严谨的质量控制政策和程序，进一步提升系统风险防范水平，提高事务所整体执业质量。在2012年年报审计中，事务所要重视以下质量控制环节，确保审计工作质量。

（一）质量控制环境

事务所要积极优化内部质量控制环境，大力培育以质量为导向的事务所文化，避免出现重商业利益轻业务质量的倾向。主任会计师要对质量控制承担最终责任，要确保负责质量控制制度运作的合伙人具有足够、适当的经验、能力和必要权限，切实履行其职责。

（二）职业道德

事务所要认真贯彻落实职业道德守则的相关规定和要求，切实加强职业道德建设和独立性管控。要建立有效的政策和程序，确保项目组成员、事务所和网络事务所的独立性，严格执行签字注册会计师、质量控制复核人以及其他关键审计合伙人的定期轮换制度。事务所要严格遵守向被审计单位提供非鉴证服务时的独立性要求，不得在提供内部控制审计服务的同时为被审计单位提供内部控制咨询和自我评价服务。

事务所要认真落实中注协《关于坚决打击和治理注册会计师行业不正当低价竞争行为的通知》精神，坚决抵制各种不正当低价竞争行为，加强项目工时管理和成本控制，实施合理的专业服务收费标准。要重视审计收费水平较低的上市公司业务可能导致的审计风险，绝不因为业务收费低而降低执业标准，并在事务所内部检查中对低收费项目予以重点关注。

（三）总分所一体化管理

事务所要完善治理结构和管理架构，健全合伙人机制，从体制上推进总分所一体化进程，要切实做好业务承接与保持、人员委派、督导以及项目质量控制复核等关键环节的风险管控，确保总分所实施统一的质量控制政策和程序，保证各审计项目组执行统一的技术标准。要将上市公司审计业务作为高风险项目，对于分所执行的高风险项目必须由总所复核并出具报告，坚决杜绝总所向分所发放空白盖章报告页，且对分所报告签发疏于控制的情形。

（四）客户关系和具体业务的接受与保持

事务所要加强对上市公司审计业务承接的统一控制，避免擅自承接高风险业务给事务所带来的风险，切实做好审计风险的事前防范。事务所要对客户资源实施统一管理，杜绝"客户私有化"等现象，避免出现客户资源与项目合伙人出现利益绑定导致的质量控制风险。上市公司变更审计机构时，后任注册会计师应当按照审计准则的规定，与前任注册会计师进行沟通，了解委托变更的原因，坚决杜绝上市公司通过变更审计机构购买审计意见的行为。

（五）业务执行

事务所要准确把握审计准则和《企业内部控制审计指引》的内容，完善专业技术标准，加强人员培训，改进业务督导，切实将准则和指引的精神和要求落实到年报审计工作中。事务所要加强对上市公司审计业务的项目质量控制复核，明确项目质量控制复核人员的资格要求，确保复核人员的客观性和权威性，以使复核意见能够得到贯彻和执行，防止复核流于形式。项目质量控制复核人应对项目组作出的独立性评价进行复核，并侧重复核项目组作出的重大判断和得出的结论，关注项目组是否已就涉及意见分歧的事项、其他疑难问题或争议事项进行适当咨询，以及咨询得出的结论。

（六）监控

事务所要制定完善的政策和程序，要确保监控不搞形式、不走过场、不留死角。事务所应将监控结果传达给相关人员，对实施监控程序发现的缺陷采取适当补救措施，避免出现类似问题，进一步提高执业质量。

三、认真做好财务报表审计

在财务报表审计过程中，注册会计师要密切关注当前宏观经济形势、资本市场以及相关法律法规的变化，充分考虑业绩压力对被审计单位可能造成的影响。注册会计师要严格贯彻风险导向审计理念，识别和评估重大错报风险，特别是新上市公司、创业板公司及 ST 公司等客户的风险，并据此设计和实施进一步审计程序。进一步审计程序要具有目的性和针对性，防止风险评估结果与进一步审计程序之间相脱离。注册会计师应特别关注以下重大风险领域，实施恰当的审计程序，获取充分、适当的审计证据。

（一）收入的确认与计量

注册会计师要假定被审计单位在收入确认方面存在舞弊风险，并评价哪些类型的收入、收入交易或认定可能导致舞弊风险。注册会计师要重视收入确认的真实性和合规性，分析毛利率的合理性，特别关注收入异常增长情况及偶发的、交易价格明显偏离市场价格、或商业理由明显不合理的交易。

（二）关联方关系及其交易

注册会计师要关注重大或异常交易的对方是否是未披露的关联方。要警惕关联方交易的非关联化，即利用未披露的关联方，通过提前确认收入，或利用资金循环虚构交易等方式实施舞弊。对于管理层以前未识别或未向注册会计师披露的关联方或重大关联交易，注册会计师应重新评估被审计单位识别关联方的内部控制是否有效，以及是否存在管理层舞弊导致的重大错报风险。

（三）资产减值

注册会计师要对被审计单位资产减值准备计提的充分性和适当性予以充

分关注。对应收账款的减值准备，注册会计师应考虑计提坏账比例的合理性及按照个别认定法计提坏账准备的合理性。对商誉的减值准备，注册会计师对减值测试的复核要充分，要对过于乐观的未来现金流入预期提出质疑。

（四）会计政策和会计估计变更

注册会计师要评价管理层选用会计政策的恰当性、会计估计确定过程及其依据的合理性；关注会计估计变更和会计差错更正是否更准确地反映上市公司的财务状况，警惕上市公司利用会计政策和会计估计变更在不同会计期间操纵利润。

（五）非经常性损益

注册会计师要综合考虑非经常性损益项目的可持续性及与被审计单位正常经营业务的关联程度等因素，充分关注非经营性损益的真实性、准确性与完整性。

（六）持续经营

注册会计师要特别关注经营风险较高的被审计单位的持续经营能力，了解管理层对其持续经营能力的评估及是否计划采取或者正在采取改善持续经营能力的相关措施，要对公司持续经营改善措施的可行性作出独立的专业判断，并考虑改善措施能否打消对其持续经营能力的重大疑虑，以及由此对审计报告意见类型可能产生的影响。

（七）审计报告

注册会计师要勤勉尽责，确保审计工作的严肃性和专业性，杜绝随意更改已披露的审计报告内容和格式的现象，避免出现审计报告格式错误，关注财务报表及附注中是否存在文字数值错误。出具非标准意见审计报告时，解释审计意见原因的说明段表述要简洁、准确、到位。

四、认真做好内部控制审计

事务所要准确理解和全面把握《企业内部控制审计指引》和《企业内部控制审计指引实施意见》精神，严格按照要求执行内部控制审计工作。要处理好财务报表审计和内部控制审计之间的关系，既要确保内部控制审计业务的独立性，又要注重与财务报表审计的联系。如果同时承接一家被审计单位的年报审计业务和内部控制审计业务，事务所应当将内部控制审计业务作为一项独立业务，单独与上市公司签定审计业务约定书。

注册会计师要深入贯彻风险导向审计的思路和要求，恰当计划内部控制审计工作，制订总体审计策略和具体审计计划。在实施审计工作时，注册会计师要采用"自上而下"的方法，选择拟测试的控制，并测试控制设计及运行的有效性；在测试企业层面控制和业务层面控制时，应当评价内部控制是否足以应对舞弊风险。在评价控制缺陷时，要评价识别的各项控制缺陷的严重程度，以确定这些缺陷单独或组合起来，是否构成内部控制的重大缺陷。

在出具内部控制审计报告前，注册会计师应当与被审计单位沟通审计过程中识别的所有控制缺陷，并就重大缺陷和重要缺陷以书面形式与管理层及治理层进行沟通。注册会计师要全面评价获取的审计证据，包括控制测试结果、财务报表审计中发现的错报以及已识别的所有控制缺陷，据以形成对内部控制有效性的意见。在评价内部控制审计获取的审计证据和形成的结论时，应同时考虑财务报表审计中实施的、所有针对控制测试和运行有效性测试的结果，避免出现审计判断不一致的情况。

五、认真做好年报审计业务的信息报备

事务所要按照财政会计行业管理系统业务报备的相关要求，指定专人负责上市公司 2012 年财务报表审计和内部控制审计业务报备工作，确保报备信息真实、准确、完整。上市公司变更财务报表审计机构或内控审计机构的，前后任事务所要在变更发生之日（董事会通过变更审计机构的决议之日）起5 个工作日内，以网上报备的形式在中国注册会计师行业管理信息系统二期（登录地址为：http：//cmis. cicpa. org. cn）中填报相关变更信息。若报备后信息变化的，应及时在系统中予以更正，并在 5 个工作日内告知中注协业务监管部。中注协将对事务所年报审计业务报备情况进行检查，并择机通报。

我会将根据《上市公司年报审计监管工作规程》的要求，对 2012 年上市公司财务报表审计和内部控制审计情况进行全程监控，密切关注其中可能存在的"炒鱿鱼、接下家"和压价竞争问题，对恶意"接下家"及不正当低价竞争行为实施重点监控，并适时启动监管约谈机制。对监管过程中发现的未严格遵循执业准则、规范和职业道德守则的事务所和注册会计师，我会将在 2013 年度执业质量检查中予以重点关注。

2012 年 12 月 17 日

参考文献

［1］曹文婷. 我国注册会计师行业监管模式的分析［J］. 商业经济，2008（11）：101 - 103.

［2］陈小林，等. 注册会计师行业行政管理：理论、现状与对策——基于广东省行业调查的研究［J］. 会计研究，2005（3）：3 - 10，93.

［3］陈钰星. 注册会计师行业监管模式探析［J］. 商业会计，2006（24）：10 - 11.

［4］陈运森，邓祎璐，李哲. 非行政处罚性监管能改进审计质量吗？——基于财务报告问询函的证据［J］. 审计研究，2018（5）：82 - 88.

［5］褚剑，方军雄. 公司股价崩盘风险影响审计费用吗？［J］. 外国经济与管理，2017，39（9）：83 - 97.

［6］褚剑，秦璇，方军雄. 经济政策不确定性与审计决策——基于审计收费的证据［J］. 会计研究，2018（12）：85 - 91.

［7］高宇辰，赵敏，莫冬燕. 行业自律监管影响审计师决策了吗——基于会计师事务所执业质量检查的证据［J］. 宏观经济研究，2021（2）：162 - 175.

［8］龚启辉，李琦，吴联生. 政府控制对审计质量的双重影响［J］. 会计研究，2011（8）：68 - 75，96.

［9］胡定杰，谢军. 非处罚性监管、审计师辞聘及后任审计师行为——基于年报问询函证据的分析［J/OL］. 南京审计大学学报：1 - 10［2021 - 09 - 07］. http：//kns. cnki. net/kcms/detail/32. 1867. F. 20210712. 1840. 006. html.

［10］黄溶冰. 企业漂绿行为影响审计师决策吗？［J］. 审计研究，2020（3）：57 - 67.

［11］黄世忠，杜兴强，张胜芳. 市场 政府与会计监管［J］. 会计研究，2002（12）：3 - 11，65.

[12] 黄益雄, 董育军. 资本市场的预防性监管专业吗? ——来自中注协对上市公司年报审计约谈的证据 [J]. 会计之友, 2015 (23): 121 - 125.

[13] 黄益雄, 李长爱. 行业自律监管能改进审计质量吗? ——基于中注协约谈的证据 [J]. 会计研究, 2016 (11): 84 - 91, 96.

[14] 姜涛, 尚鼎. 公司诉讼风险对审计决策的影响研究——基于异常审计费用和审计意见的证据 [J]. 南京审计大学学报, 2020, 17 (3): 13 - 22.

[15] 李长爱. 政府行政监管与行业自律监管的协调发展——提高我国注册会计师行业监管效率研究 [J]. 审计研究, 2004 (6): 71 - 75.

[16] 李莫愁. 审计准则与审计失败——基于中国证监会历年行政处罚公告的分析 [J]. 审计与经济研究, 2017, 32 (2): 56 - 65.

[17] 李莫愁, 任婧. 不痛不痒的行政处罚? ——行政处罚与审计意见、审计收费的关系研究 [J]. 会计与经济研究, 2017, 31 (1): 84 - 101.

[18] 李晓慧, 曹强, 孙龙渊. 审计声誉毁损与客户组合变动——基于1999 - 2014 年证监会行政处罚的经验证据 [J]. 会计研究, 2016 (4): 85 - 91, 96.

[19] 李晓慧, 孙龙渊. 备案制转变及其对会计师事务所的监管——来自～＊ST 新亿转聘深圳堂堂所的案例证据 [J]. 扬州大学学报 (人文社会科学版), 2021, 25 (1): 41 - 53.

[20] 林莉, 李瑶瑶, 张文. 审计师内部流动、客户追随与审计意见决策 [J]. 审计研究, 2021 (2): 104 - 117.

[21] 林文生. 税务约谈制的比较研究与思考 [J]. 当代财经, 2005 (6): 54 - 58.

[22] 林钟高, 邱悦旻. 审计约谈有效吗? ——基于企业内部控制质量的实证检验 [J]. 财经理论与实践, 2019, 40 (2): 99 - 105.

[23] 刘丹兰. 预防性监管、审计意见与审计师变更——来自中注协约谈的证据 [J]. 国际商务财会, 2018 (9): 79 - 84, 96.

[24] 刘明辉, 张宜霞. 上市公司会计监管制度及其改进 [J]. 会计研究, 2002 (12): 16 - 21.

[25] 刘文军. 会计师事务所执业质量检查提高审计质量了吗? [J]. 审计研究, 2016 (6): 98 - 104.

[26] 刘笑霞. 审计师惩戒与审计定价——基于中国证监会 2008 - 2010

年行政处罚案的研究［J］. 审计研究，2013（2）：90-98.

［27］刘笑霞，李明辉. 行政处罚能提高审计质量吗？——基于中国证监会 2008-2010 年行政处罚案的经验研究［J］. 证券市场导报，2013（6）：27-32，42.

［28］刘永泽，陈艳. 政府监管与行业自律导向的现实选择——对美国注册会计师行业监管模式的剖析引发的思考［J］. 会计研究，2002（11）：28-31.

［29］罗宏，贾秀彦，吴君凤. 董事会稳定性会影响审计师的风险决策吗？——来自民营上市公司的经验证据［J］. 中南财经政法大学学报，2021（3）：3-14，158.

［30］罗棪心，伍利娜. 资本市场开放对公司审计的影响——基于"陆港通"背景的实证研究［J］. 审计研究，2018（5）：65-73.

［31］吕敏康，刘拯. 媒体态度、投资者关注与审计意见［J］. 审计研究，2015（3）：64-72.

［32］马军丽，李兵宽. 会计师事务所变更别有玄机——基于 2011 年中注协约谈各大事务所之反思［J］. 会计之友，2012（33）：57-58.

［33］米莉，黄婧，何丽娜. 证券交易所非处罚性监管会影响审计师定价决策吗？——基于问询函的经验证据［J］. 审计与经济研究，2019，34（4）：57-65.

［34］莫冬燕，赵敏. 预防性监管影响审计师决策了吗？——基于中注协年报审计监管约谈的证据［J］. 郑州大学学报（哲学社会科学版），2019，52（4）：64-69，159.

［35］邱穆青，刘晨，王俊秋. 企业投融资期限错配、审计风险与审计师决策［J］. 山西财经大学学报，2020，42（2）：114-126.

［36］袭宗舜，韩洪灵，聂新军. 美国注册会计师行业管制模式的最新嬗变——公共会计责任委员会框架引介［J］. 审计研究，2002（5）：52-54.

［37］尚兆燕. 中国注册会计师行业监管的效率和效果——基于山东省会计师事务所和公司的实证调查和分析［J］. 当代财经，2008（1）：118-121.

［38］沈洪涛，周艳坤. 环境执法监督与企业环境绩效：来自环保约谈的准自然实验证据［J］. 南开管理评论，2017，20（6）：73-82.

［39］沈萍，景瑞. 问询函监管会导致审计师变更吗？——基于沪深交

易所年报问询函的研究 [J]. 南京审计大学学报, 2021, 18 (1): 17 - 25.

[40] 石庆玲, 陈诗一, 郭峰. 环保部约谈与环境治理: 以空气污染为例 [J]. 统计研究, 2017, 34 (10): 88 - 97.

[41] 时现, 金正昊. 审计师处罚对盈余质量影响的实证研究——基于2009—2017 年证监会处罚的经验证据 [J]. 南京财经大学学报, 2019 (3): 63 - 70.

[42] 孙洪锋, 刘嫦. 企业金融化会影响审计师的风险决策吗? [J]. 审计与经济研究, 2019, 34 (5): 54 - 64.

[43] 孙泽宇, 齐保垒. 多个大股东并存与审计师定价决策 [J/OL]. 审计与经济研究: 1 - 10 [2021 - 09 - 08]. http: //kns. cnki. net/kcms/detail/32. 1317. F. 20210709. 1740. 010. html.

[44] 汤小莉, 冯均科. 我国注册会计师行业监管机制研究——基于陕西省省内外会计师事务所的调查与分析 [J]. 未来与发展, 2009, 30 (11): 56 - 60.

[45] 王爱国, 尚兆燕. 法律惩戒、审计意见与审计变通行为——来自上市公司的数据 [J]. 审计研究, 2010 (2): 54 - 61.

[46] 王百强, 伍利娜. 审计师对采用差异化战略的客户区别对待了吗? [J]. 审计研究, 2017 (5): 54 - 61.

[47] 王百强, 杨雅宁, 孙昌玲. 企业核心竞争力是否影响审计师决策?——基于 A 股上市公司的实证研究 [J]. 审计研究, 2021 (2): 68 - 79.

[48] 王兵, 李晶, 苏文兵, 唐逸凡. 行政处罚能改进审计质量吗?——基于中国证监会处罚的证据 [J]. 会计研究, 2011 (12): 86 - 92.

[49] 王红, 李继志, 石少华. 对我国注册会计师行业监管制度改革的思考 [J]. 经济研究导刊, 2008 (11): 100 - 101.

[50] 王虎. 风险社会中的行政约谈制度: 因应、反思与完善 [J]. 法商研究, 2018, 35 (1): 22 - 29.

[51] 王惠娜. 环保约谈对环境监管的影响分析: 基于 34 个城市的断点回归方法研究 [J]. 学术研究, 2019 (1): 71 - 78.

[52] 王嘉鑫, 张龙平. 管理层语调操纵、职业谨慎与审计决策——基于年报文本分析的经验证据 [J]. 中南财经政法大学学报, 2020 (4): 3 - 14, 158.

[53] 王靖懿，夏常源，傅代国．放松卖空管制、控股股东股权质押与审计费用 [J]．审计研究，2019（3）：84-92.

[54] 吴建祖，王蓉娟．环保约谈提高地方政府环境治理效率了吗？——基于双重差分方法的实证分析 [J]．公共管理学报，2019，16（1）：54-65，171-172.

[55] 吴溪．监管处罚中的"重师轻所"及其后果：经验证据 [J]．会计研究，2008（8）：23-31，94.

[56] 吴溪，杨育龙，张俊生．预防性监管伴随着更严格的审计结果吗？——来自中注协年报审计风险约谈的证据 [J]．审计研究，2014（4）：63-71.

[57] 谢德仁．注册会计师行业管制模式：理论分析 [J]．会计研究，2002（2）：12-20，65.

[58] 谢德仁．注册会计师行业管制模式的国际比较 [J]．审计研究，2001（4）：36-42.

[59] 闫焕民，王浩宇，张雪华．审计师工作量压力、组织支持与审计意见决策 [J]．管理科学，2020，33（4）：19-36.

[60] 杨金凤，陈智，吴霞，孙维章．注册会计师惩戒的溢出效应研究——以与受罚签字注册会计师合作的密切关系为视角 [J]．会计研究，2018（8）：65-71.

[61] 杨锋．行政约谈在工商行政管理中的运用和完善——基于推进行政约谈法治化的视角 [J]．中国工商管理研究，2013（6）：63-66.

[62] 于李胜，王艳艳．政府管制是否能够提高审计市场绩效？[J]．管理世界，2010（8）：7-20，187.

[63] 于连超，张卫国，毕茜．环境保护费改税促进了重污染企业绿色转型吗？——来自《环境保护税法》实施的准自然实验证据 [J]．中国人口·资源与环境，2021，31（5）：109-118.

[64] 余玉苗，高燕燕．低质量审计是审计师个人特质导致的特例吗？——基于"污点"签字注册会计师的研究 [J]．审计与经济研究，2016，31（4）：30-39.

[65] 余玉苗，张建平，梁红玉．媒体监督影响审计师的审计意见决策吗？——来自中国证券市场的实证证据 [J]．审计与经济研究，2013，28

(1)：26 - 36.

[66] 张锋. 环保约谈：一种新型环境法实施制度 [J]. 上海财经大学学报, 2018, 20 (4)：141 - 152.

[67] 张俊民, 刘雨杰. 行业监管制度规范变迁是否促进了审计师声誉的提高？——来自具备证券期货资格的会计师事务所的经验证据 [J]. 南京审计学院学报, 2015, 12 (1)：57 - 65.

[68] 张然, 陈思, 汪剑锋. PCAOB 审计检查、审计师声誉与中概股危机 [J]. 会计研究, 2014, 000 (2)：71 - 78.

[69] 张雪南, 刘新琳, 周兵. 制度、制度供给与注册会计师管理体制的路径选择 [J]. 审计研究, 2007 (1)：81 - 85.

[70] 张子余. 我国企业 IT 投资对审计决策的影响及机理研究 [J]. 中南财经政法大学学报, 2017 (3)：24 - 30, 159.

[71] 章雁. 浅谈注册会计师行业监管模式 [J]. 财会月刊, 2006 (8)：30 - 31.

[72] 赵颖, 翟华云. 审计约谈监管有效吗？——基于真实盈余管理的视角 [J]. 财政监督, 2018 (7)：106 - 111.

[73] 赵子夜. "从业权取缔" 型审计监管的警示效应 [J]. 财经研究, 2012, 38 (7)：101 - 110.

[74] 郑登津, 武健. 会计信息质量检查与审计质量 [J]. 审计研究, 2021 (1)：71 - 82.

[75] 郑军, 林钟高, 彭琳. 大客户依赖性对审计师风险决策的影响研究 [J]. 中南财经政法大学学报, 2017 (2)：77 - 86.

[76] 周冬华, 方瑄, 黄文德. 境外投资者与高质量审计需求——来自沪港通政策实施的证据 [J]. 审计研究, 2018 (6)：56 - 64.

[77] 周箭, 陈建春. 浅议注册会计师行业监管的环境因素 [J]. 时代金融, 2006 (8)：164 - 165.

[78] 周兰, 耀友福. 媒体负面报道、审计师变更与审计质量 [J]. 审计研究, 2015 (3)：73 - 81.

[79] 朱松, 柯晓莉. 审计行业监管有效性研究——基于证监会处罚公告后事务所策略选择的经验证据 [J]. 财经研究, 2018, 44 (3)：56 - 67.

[80] Abbott L. , K. Gunny, T. Zhang. When the PCAOB talks, who listens?

Evidence from stakeholder reaction to GAAP-deficient PCAOB inspection reports of small auditors [J]. Auditing: A Journal of Practice & Theory, 2013, 32 (2): 1 – 31.

[81] Abernathy J., M. Barnes, C. Stefaniak. A summary of 10 years of PCA-OB rescarch: What have we learned? [J]. Journal of Accounting Literature, 2013, 32 (1): 30 – 60.

[82] Abhijit Barua, Clive Lennox, Aneesh Raghunandan. Are audit fees discounted in initial year audit engagements? [J]. Journal of Accounting and Economics, 2020, 69 (2 – 3).

[83] Acito A. A., C. E. Hogan, R. D. Mergenthaler. The effects of PCAOB inspections on auditor-client relationships [J]. The Accounting Review, 2018, 93 (2): 1 – 35.

[84] Anantharaman D.. Comparing self-regulation and statutory regulation: Evidence from the accounting profession [J]. Accounting, Organizations and Society, 2012, 37 (2): 55 – 77.

[85] Andrew A. Acito, Chris E. Hogan, Richard D. Mergenthaler. The effects of PCAOB inspections on auditor-client relationships [J]. The Accounting Review, 2018, 93 (2): 1 – 35.

[86] Aobdia D. The impact of the pcaob individual engagement inspection process-preliminary evidence [J]. The Accounting Review. 2018, 93 (4): 53 – 80.

[87] Aobdia Daniel, Dou Yiwei, Kim Jungbae. Public Audit Oversight and the Originate-to-Distribute Model [J]. Journal of Accounting and Economics, 2021.

[88] Aobdia D., N. Shroff. Regulatory oversight and auditor market share [J]. Journal of Accounting and Economics, 2017, 63 (2 – 3): 262 – 287.

[89] Bishop C., D. Hermanson, R. Houston. PCAOB inspections of international audit firms: Initial evidence [J]. International Journal of Auditing, 2013, 17 (1): 1 – 18.

[90] Brian Daugherty, Denise Dickins, Wayne A. Tervo. Negative PCAOB inspections of triennially inspected auditors and involuntary and voluntary client losses [J]. International Journal of Auditing, 2011, 15 (3): 231 – 246.

［91］ Carcello J. , C. Hollingsworth, S. Mastrolia. The effect of PCAOB inspections on Big 4 audit quality ［J］. Research in Accounting Regulation, 2011, 23 (2): 86 – 96.

［92］ Casterella J. R. , Jensen K. L. , Knechel R. W.. Is self-regulated peer review effective at signaling audit quality? ［J］. The Accounting Review, 2009, 84 (3), 713 – 735.

［93］ Church B. K. , L. B. Shefchik. PCAOB inspections and large accounting firms ［J］. Accounting Horizons, 2012, 26 (1): 43 – 63.

［94］ Cohen J. , C. Hayes, G. Krishnamoorthy, S. Monroe, A. Wright. The effectiveness of SOX regulation: An interview study of corporate directors ［J］. Behavioral Research in Accounting, 2013, 25 (1): 61 – 87.

［95］ Dana R. Hermanson, Richard W. Houston, John C. Rice. PCAOB inspections of smaller CPA firms: Initial evidence from inspection reports ［J］. Accounting Horizons, 2007, 21 (2): 137 – 152.

［96］ Daugherty B. , Tervo W.. PCAOB inspections of smaller CPA firms: The perspectives of inspected firms ［J］. Accounting Horizons, 2010, 24 (2): 189 – 219.

［97］ Dodgson M. K. , C. P. Agoglia, G. B. Bennett, J. R. Cohen. Managing the auditor client relationship through partner rotations: The experiences of audit firm partners ［J］. The Accounting Review, 2020, 95 (2): 89 – 111.

［98］ Donghui Wu, Qing Ye. Public attention and auditor behavior: The case of hurun rich list in China ［J］. Journal of Accounting Research, 2020, 58 (3): 777 – 825.

［99］ Ege Matthew S. , Stuber Sarah B.. Are auditors rewarded for low audit quality? The case of auditor lenience in the insurance industry ［J］. Journal of Accounting and Economics, 2021.

［100］ Fogarty T. J.. The imagery and reality of peer review in the U. S. : Insights from institutional theory ［J］. Accounting, Organizations and Society, 1996, 21 (2 – 3): 243 – 267.

［101］ Francis J. R.. What do we know about audit quality? ［J］. The British Accounting Review, 2004 (36): 345 – 368.

[102] Geoffroy Rachel, Lee Heemin. The role of academic research in SEC Rulemaking: Evidence from business roundtable v. SEC [J]. Journal of Accounting Research, 2021, 59 (2): 375 – 435.

[103] Gramling A., J. Krishnan, Y. Zhang. Are PCAOB-identified audit deficiencies associated with a change in reporting decisions of triennially inspected audit firms? [J]. Auditing: A Journal of Practice & Theory, 2011, 30 (3): 59 – 79.

[104] Grumet L.. Rethinking peer review from the inside out [J]. The CPA Journal, 2006, 76 (3): 22 – 31.

[105] Gunningham N., Rees J.. Industry self-regulation: An institutional perspective [J]. Law and Policy, 1997, 19 (4): 363 – 414.

[106] Gunny K., T. Zhang. PCAOB inspection reports and audit quality [J]. Journal of Accounting and Public Policy, 2012, 32 (2): 136 – 160.

[107] He X, Kothari S P, Xiao T, et al.. Long-term impact of economic conditions on auditors' judgment [J]. The Accounting Review, 2018.

[108] Hermanson D. R., Houston R. W., Rice J. C.. PCAOB inspections of smaller CPA firms: Initial evidence from inspection reports [J]. Accounting Horizons, 2007, 21 (2): 137 – 152.

[109] Hillary G., Lennox C.. The credibility of self-regulation: Evidence from the accounting profession's peer review program [J]. Journal of Accounting and Economics, 2005, 40: 211 – 229.

[110] Katherine A. Gunny, Tracey Chunqi Zhang. PCAOB inspection reports and audit quality [J]. Journal of Accounting and Public Policy, 2013, 32 (2): 136 – 160.

[111] Kimberly D. Westermann, Jeffrey Cohen, Greg Trompeter. PCAOB inspections: public accounting firms on "trial" [J]. Contemporary Accounting Research, 2019, 36 (2): 694 – 731.

[112] Kinney W. R.. Twenty-five years of audit de-regulation and reregulation: What does it mean for 2005 and beyond? [J]. Auditing: A Journal of Practice and Theory, 2005, 24 (S – 1): 89 – 109.

[113] Krishnan, Jagan, Jayanthi Krishnan, Hakjoon Song. PCAOB international inspections and audit quality [J]. The Accounting Review, 2017, 92

(5): 143 - 166.

[114] Lamoreaux P.. Does PCAOB inspection access improve audit quality? An examination of foreign firms listed in the United States [J]. Journal of Accounting and Economics, 2016, 61 (2 - 3): 313 - 337.

[115] Landis M., S. Jerris, M. Braswell. An account analysis Of PCAOB inspection reports for triennially-inspected audit firms [J]. Journal of Business & Economics Research, 2011, 9 (3): 11 - 21.

[116] Lennox C., Wang Chunfei, Wu Xi. Opening Up the "Black Box" of audit firms: The effects of audit partner ownership on audit adjustments [J]. Journal of Accounting Research, 2020, 58 (5): 1299 - 1341.

[117] Lennox C., Pittman J.. Auditing the auditors: Evidence on the recent reforms to the external monitoring of audit firms [J]. Journal of Accounting and Economics, 2010 (49): 84 - 103.

[118] Lennox C., Jeffrey A. Pittman. Big five audits and accounting fraud [J]. Contemporary Accounting Research, 2010, 27 (1): 209 - 247.

[119] Lindsay M. Johnson, Marsha B. Keune, Jennifer Winchel. U. S. auditors' perceptions of the PCAOB inspection process: A behavioral examination [J]. Contemporary Accounting Research, 2019, 36 (3): 1540 - 1574.

[120] Mark L. DeFond, C. Lennox. Do PCAOB inspections improve the quality of internal control audits? [J]. Journal of Accounting Research, 2017, 55 (3): 591 - 627.

[121] Mark L. DeFond, Jere R. Francis. Audit research after sarbanes-oxley [J]. Auditing: A Journal of Practice & Theory, 2005, 24 (s1): 5 - 30.

[122] Mark L. DeFond., C. Lennox. The effect of SOX on small auditor exits and audit quality [J]. Journal of Accounting and Economics, 2011, 52 (1): 21 - 40.

[123] Mark L. DeFond. Earnings quality research: Advances, challenges and future research [J]. Journal of Accounting and Economics, 2010, 50 (2): 402 - 409.

[124] Mark L. DeFond. How should the auditors be audited? Comparing the PCAOB inspections with the AICPA peer reviews [J]. Journal of Accounting and

Economics, 2009, 49 (1): 104 – 108.

［125］Shipman J. , Q. Swanquist, R. Whited. Propensity score matching in accounting research ［J］. The Accounting Review, 2017 (92): 213 – 244.

［126］Simon Yu Kit Fung, K. K. Raman, Xindong (Kevin) Zhu. Does the PCAOB international inspection program improve audit quality for non-US-listed foreign clients? ［J］. Journal of Accounting and Economics, 2017, 64 (1): 15 – 36.

［127］Simunic D. A. . The pricing of audit services theory and evidence ［J］. Journal of Accounting Research, 1980 (18): 161 – 190.

［128］Steven M. Glover, Douglas F. Prawitt, Mark H. Taylor. Audit standard setting and inspection for U. S. public companies: A critical assessment and recommendations for fundamental change ［J］. Accounting Horizons, 2009, 23 (2): 221 – 237.

［129］Stuber Sarah B. , Hogan Chris E. . Do PCAOB inspections improve the accuracy of accounting estimates? ［J］. Journal of Accounting Research, 2020, 59 (1): 331 – 370.

［130］Wallace W. A. , Cravens K. . An exploratory content analysis of terminology in public accounting firms' responses to AICPA peer reviews ［J］. Research in Accounting Regulation, 1994 (8): 3 – 32.

［131］Wallace W. A. . Peer review filings and their implications in evaluating self-regulation ［J］. Auditing: A Journal of Practice and Theory, 1991, 10 (1): 53 – 67.

［132］Wegman. J. . Government regulation of accountants: The PCAOB enforcement process ［J］. Journal of Legal, Ethical and Regulatory Issues, 2008, 11 (1): 75 – 93.

［133］Yongtae Kim et al. . PCAOB international inspections and merger and acquisition outcomes ［J］. Journal of Accounting and Economics, 2020, 70 (1).